보통의 존재 : 코멘터리 북

COMMENTARY BOOK

보통의 존재 : 코멘터리 북

이석원과 문상훈이 주고받은 여덟 편의 편지

1부

편지

이석원과 문상훈이 주고받은 편지 모음

2부

코멘터리

시간에 덧대어본 문장

그래, 어떤 순간은 사진처럼 남아

영영 사라지지 않는다

1971년생 종합예술인
이석원

✕

문상훈
1991년생 코미디언이자 작가

문상훈
1991년부터 서울에서 살았다. 그리고 빠더너스.

1부

편지

이석원과 문상훈이 주고받은 편지 모음

2024년 11월부터 2025년 8월까지
편지로 주고받은 질문과 답변들

자기혐오 하는 사람치고 정말 못된 사람은 없을 거다

석원님께   드리는   첫번째   편지

문상훈

¶ 뭐랄까요. 꼭 스무 살 저를 앞에 두고 말을 꺼내는 기분이 듭니다. 제가 스무 살이 된 지도 『보통의 존재』처럼 15년이 되었거든요. 우리가 세는 나이 중에 스무 살만큼 더 의미를 가지는 나이가 있을까요? 제 스무 살에 잔치가 시작되는 것은 알겠는데 어디서부터 어떻게 시작해야 할지 모르고 지나갔어요. 그때 저는 젊음을 잘 보내야 한다는 의무감에 아무것도 하지 못했거든요. 예를 들어 술이나 마시느라 십대 시절에는 그렇게 찾아다녔던, 내게 시간만 주어진다면 빠져 살겠다고 다짐했던 음악이나 영화, 책 같은 것들에는 전혀

시간을 쓰지 못했고요. 새로운 경험은 고사하고 염세적으로
나태하게 지냈던 시간들만 떠오릅니다. "나의 사랑했던
게으른 날들"처럼요. 아쉬움만 남는 이십 대지만 그래도
오늘이 가장 젊다는 사실을 위안과 설렘으로 삼고 석원님께
첫 편지를 띄워봅니다.

제일 먼저 『보통의 존재』15년 기념판 출간을 축하합니다.
『보통의 존재』1판 1쇄가 2009년 11월 4일에 나왔더군요.
지금 제 손에 있는 책은 2판 3쇄, 2010년 4월 23일에 나온
책이니 정말 꽉 채운 15년이 지났습니다. 그 시간 속에서
제가 석원님께 여쭙는 질문들이 어쩌면 저희만의 대화가
아닌 독자들에게도 각자의 15년을 반추하는 시간이 될 수도
있겠다는 바람입니다.

유독 이삼십 대 젊은 독자들이 석원님의 책을 사랑했던
이유는, 누구나 가지고 있지만 명쾌하게 표현하지 못했던
불안이나 이기심 같은 감정들을 책에서 솔직하고 공감
가는 표현들로 이불 빨래 털 듯이 시원하게 털어놓았기
때문이라고 생각합니다. 『보통의 존재』에 쓰셨듯이
"나이도 있고 나름 효심도 있는 편이어서 엄마를 생각하는
마음도 깊은"(원서 기준 222쪽) 석원님이지만 "이상하게

(어머님께) 뭔가가 치밀어오른다"(같은 쪽)거나, "결국 있는
대로 드러내는 것이 가장 훌륭한 감추기이자 꾸밈이라는
진리를 터득했"(190쪽)다는 고백 같은 말들이 저를 포함한
독자들에게 처음 닿았을 때의 희열과 공감대가 컸거든요.

석원님께 『보통의 존재』가 첫번째 책인 만큼, 석원님이
평생을 두고 생각했던 사유들이 잘 담겼겠습니다. 30년 넘게
고민해왔던 주제들이 아무래도 첫 책에 아낌없이 가장 많이
들어갔을 것 같아서요. 그후의 『실내인간』『언제 들어도 좋은
말』『2인조』『나를 위한 노래』 모두 재미있게 잘 읽었지만요.
『보통의 존재』의 표현대로 여러 종류의 첫사랑이 있지만
그래도 이 책이 진정한 '첫사랑' 같은 느낌일까요?

그 지점에서, 15년이 지나고 나서 석원님이 당신의 첫 책을
다시 읽어보았을 때, 그때는 솔직히 드러낸 감정이라고
생각했지만 지금 와서 보니 '그 드러냄' 또한 고도의
숨김이었는지 궁금합니다. 메타적인 시각에서요. 표제 글
같은 「어느 보통의 존재」에서 했던 문장들 "그러자 비로소 그
모든 콤플렉스들로부터 해방될 수 있었다"라는 말이, 실은
진짜 보이고 싶지 않은 깊은 콤플렉스를 완벽하게 숨길 수
있는 임시포장도로 같은 말이었을까요.

저는 사실 그 방법을 자주 쓰는 것 같거든요. '자기혐오
하는 사람치고 정말 못된 사람은 없을 거다'를 방패삼아
자기혐오를 제 포장의 수단으로 쓰고요. '아직도 사랑을 잘
모르겠다'라는 말은 사랑을 갈구할 때 자주 써요. 결정적으로
이런 종류의 부담스러운 솔직함과 내비침은 제가 좋아하는
사람과 가까워지고 싶을 때 꺼내는 것 같아요. 석원님은
어떠신가요?

날이 춥고 길이 미끄럽습니다. 건강 유의하시고 또 편지
드리겠습니다. 고맙습니다.

상훈 올림

삶에도 테크닉은 필요하지 않을까

상훈님께　드리는　첫번째　답장

이석원

¶ 상훈님 반갑습니다. 상훈님이 다른 것도 아닌 나이를
언급해주셔서, 그것도 스무 살과 서른다섯이라는, 지금의
저에게는 꽤나 의미심장한 시절을 말해주셔서 많은 생각이
들었습니다. 저에게도 분명 스물이 되고 서른이 되고 마흔이
될 때마다 내게 주어진 새로운 앞자리 숫자에 남다른 의미를
부여하던 때가 있었거든요. 하지만 이젠 그 모든 일이,
꼭 제가 아닌 다른 누군가가 행했던 부질없는 의식처럼
느껴지기도 합니다. 한때 가까웠지만, 지금은 연락하지 않는
어떤 사람의 일처럼요. 물론 나이를 한 쉰다섯 개쯤 먹고

보니 지나간 모든 게 다 부질없더라는 말을 하고 싶은 건
아닙니다. 어떻게 부질이 없겠어요. 스무 살의 저는 아침이면
어떤 희망도 기대도 없이 눈을 떠서 밤이 되면 내일이
오지 않길 바라며 잠이 들던 아이였어요. 그런데 이제 와
돌이켜보니 그 모든 삶에 대한 원망과 회의, 심지어 소원처럼
달고 살던 죽고 싶다는 마음조차도 그때는 그야말로
열망—뭔가를 열렬히 원하는 마음—이었더라고요. 어떤
의미에서는 최소한 요즘의 저보다는 살아 있었던 거죠.

가만히 눈을 감고 35년 전 그때를 떠올려봅니다. 저는 외모에
대한 관심이 많아서 사춘기 때부터 정말로 하루종일 거울
앞에만 서 있었어요. 그때마다 이 얄궂은 신의 장난에 화가
났죠.

왜 이것밖엔 안 되는 거야. 누구 맘대로 이렇게 생긴 거야.

(내가 자는 동안 누군가) 호떡누르개로 있는 힘껏 누른 듯한
넓적한 코, 세상 볼품없이 커다란 얼굴⋯ 저는 이해할 수
없었어요. 왜 내가 평생 달고 살 얼굴을 내가 아닌 다른
누군가가 멋대로 디자인해버린 거지? 생각해보면 외모는
물론 내 성격, 재능, 가족, 친구 어느 하나 내 의지로 고른

것이 없죠. 어째서 우리는 생의 가장 중요한 것들을 나의
선택이나 노력이 아닌 우연과 재수와 행불행의 법칙에
의해 뽑기 뽑듯 부여받아 그걸 평생 이고 지며 벗어날 수
없이 살아야 하는 걸까요. 스무 살의 저는 이 불합리한 삶의
법칙을 견딜 수가 없어 병원으로 달려간 적도 많았습니다.
여기 좀 고쳐주세요. 저기 뭐 난 거 안 보이세요? 그러면
피부과나 성형외과 선생님들은 익숙한 듯 대번에 표정이
일그러지며 제게 정신과 방문을 권유하곤 했죠. 거긴 이미
다니고 있는데… 나는 지금 미쳐서 이러는 게 아닌데.

어쩌면 그래서 저는 감추고 꾸미는 데 선수가 되어갔는지도
모릅니다. 모르는데 아는 척, 없으면서 있는 척… 그것만이
내가 바라는 진짜 나 자신이 되는 방법이라고 믿었으니까요.

그러다가 나이를 먹으면서, 차라리 드러내는 것이
최고의 감춤이라는 사실을 깨닫게 된 것에 대해, 덕분에
콤플렉스들로부터 해방되었다고 고백한 것에 대해 상훈님은
물으셨죠. 혹 그것이 고도의 숨김은 아니었냐고. 사실은
정말 보여주고 싶지 않은 것을 감추기 위해 적당한 일부를
희생하며 보여주는 전략 아니었느냐고. 네. 그랬는지도
모르죠. 아니, 모르죠가 아니라 사실은 명백히 그랬던

것 같아요. 생존을 위해 잘린 꼬리만 남겨두고 도망가는 도마뱀처럼, 저는 성숙해지고 진실해진 것이 아니라 단지 삶의 잔기술만 늘었던 건지도 모르죠.

하지만 본질보단 표현이 훨씬 더 중요하다고 생각하는 입장에서, 어느 정도 삶의 테크닉은 필요하지 않을까요? 그래서 상훈님도 자기혐오를 제 포장의 수단으로 쓰시고, '아직도 사랑을 잘 모르겠다'며 능을 치는 것으로 사랑을 갈구하시듯, 저 역시 보고 싶은 사람일수록 더 쳐다보지 않는 나름의 삶의 전략을 구사하며 살아왔던 건 아닐까요?

그래서 말인데요. 솔직히 말씀드리면 저는 책 『보통의 존재』를 쓰면서 한 5% 정도는 거짓말을 했던 것 같아요. 제 글을 조금 더 잘 전달하기 위해, 혹은 더 많은 독자들에게 다가가기 위해 때로는 진심이 아닌 말을 두고 쓸까 말까 고민하던 순간들이 있었죠. 가령 책에 실린 「꿈」이라는 글에서 저는 "청소년들이여, 꿈이 없다고 고민하지 마라. 그럼 관객이 되면 되니까"하며 짐짓 쿨하고 담담한 척, 삶에 순응적인 척했지만 글쎄. 그걸 읽고 누군가가 당신 정말 평생 관객으로서만 만족하며 살아갈 수 있느냐고 묻는다면, 선뜻 그렇다고 대답할 자신은 없었거든요. 이처럼 상훈님도 책을

쓰거나 혹은 대중 앞에 설 때 필요에 의해 사실과 다르거나
본심이 아닌 말을 할 때가 있으실까요? 문득 저는 그 점이
궁금해졌습니다.

그럼 상훈님. 올겨울 막바지 추위가 기승을 부리고
있는 이때에 건강한 하루 보내시길 바라며 오늘은 이만
줄이겠습니다. 평안하십시오.

멀리서
이석원 올림

점점 해도 그만, 안 해도 그만인 말만 하게 됩니다

석원님께   드리는   두번째 편지

문상훈

¶ 석원님, 오늘은 눈이 많이 옵니다. 그래서 좋습니다.
매년 여름과 겨울마다 내가 이렇게 더워했나, 이 정도로
추워했나 작년을 떠올려보는데 그때마다 잘 기억이 나지
않아요. 저는 작년이 서른 개 조금 넘는데, 앞으로 작년의
개수가 점점 더 많아지고 점점 더 기억이 나지 않을 거라는
생각을 하니 아득해집니다.
스무 살의 석원님은 염세적이었지만 그마저도 열정적으로
염세적이었어서 "어떤 의미에서 지금보다 더 살아 있던"
기억이시라고요. 저도 그렇고, 스무 살 그 무렵에 가졌던

감정의 농도가 가장 짙은 것 같아요. 그때 했던 좌절도 가장
깊고 어두웠던 기억이고요. 그때 느꼈던 환희만큼 짜릿한
기억도 없는 것 같습니다.

석원님께서 "본질보다 표현이 훨씬 더 중요하다"라고
생각한다는 맥락이 궁금해졌어요. 저도 그러거든요. 가지고
있는 마음보다 더 크게 과장된 표현들을 경계하려고 하지만,
또 동시에 어떻게든 표현을 하지 않으면 아무도 모를
거니까요. '시간이 지나면 알게 될 거'라는 말이나 '그걸 꼭
말해야만 아나?' 같은 말들은 별로예요. 시간 지나고 알면 뭐
하나? 그리고 말하지 않은 것을 짐짓 때려맞혔다가 오해라도
하면 그때 가서는 또 어쩌려고 그러나? 하는 생각이 들어요.
표현하기에 용기가 없거나 귀찮은 사람들이 정당화하는 것
같아요.
침묵은 금이라지만 침묵이 오히려 쉬울 때가 많잖아요.
그래서 저는 이렇게 말을 붙이고 싶습니다. '웅변은 은이고,
침묵은 금이다. 그리고 상대를 배려하는 섬세한 표현은
다이아몬드'라고요. 저는 그래서 표현하는 것을, 그중에서도
적절한 비유나 예시로 표현해내는 것들에 탐닉해온 것
같아요. 감정과 마음을 계량할 수 없지만 비슷하게나마
더하지도 빼지도 않고 담아서 내밀어야 한다고

생각했습니다.

결정적으로 말 예쁘게 하면 천 냥 빚이 뭡니까, 그 기술만으로도 삶을 영위할 수 있는 시대이니까요. 그래서 저도 석원님 말씀처럼 '보고 싶은 사람일수록 더 쳐다보지 않는다'라는 방법의 삶의 전략을 구사하는 것 같아요. 보고 싶다고 말하는 것이 1단계라면 보다 더 농축된 표현으로서 절대 쳐다보지 않는 것. 아니면 이쪽을 보기 전까지 쳐다보다가 나를 쳐다보면 고개를 돌리는 등의 방법으로 그 사람에게 가장 크게 소리 지르곤 했습니다. 역설적으로 '사랑하지 않는다'고 입버릇처럼 말하는 것을 더 큰 사랑을 표현하는 방법으로 쓰는 셈입니다.

그 영역에서 저는 누구보다 멋지고 훌륭한, 다른 사람들에게 큰 울림을 줄 만한 결과물을 좇으며 살아가지만, 그 모습은 숨기고 습관적으로 서툰 모습의 저를 사람들 앞에 내밉니다. 제 미성숙함과 부족함이란 카드 패를 블러핑용으로 꺼내놓는 것이죠. 오른손엔 제발 사람을 웃기고 싶다는 마음을 주무르면서요. 능력 대비 최고의 효율을 생각하는 걸까요.

이것은 웃음의 법칙에도 해당되는 것 같은데요. 무언가 웃긴 행동을 할 예정이라면 사람들에게 절대 그 계획을 들키지

않으려 노력해요. 예컨대 비장의 성대모사를 준비하는
코미디언을 소개할 때 최악의 방법은 '너무나도 웃깁니다.
기대하세요!'라는 말로 부담을 주는 것과 같지요. 웃음은
기대하면 가치가 가장 떨어지는 감정 중 하나인가 봅니다.
그래서 반대로 '이 사람 엄청 웃겨!'보다는 '이 사람은
재미없는 사람이다'라는 인식을 충분히 주고, 웃긴 행동을 할
때의 낙차를 반복해서 이용하는 것이 웃음의 필승법이라고
생각합니다.

석원님이 말씀하신 "5% 정도의 거짓말"에 대해서
말씀드려보자면요. 저는 점점 사람들이 듣고 싶어하는
말을 하는 빈도가 높아지는 것 같습니다. 이 부분에 대해서
오래전부터 우울해하고 있었어요. 대중 앞에 내놓는 모든
결과물들이 그렇지만, 사람들의 평가가 '조회 수'로 너무나도
쉽게 집결되도록 시스템화되어 있는 유튜브 채널에서는
조금이라도 물장구를 멈추거나 사람들의 통념에 어긋나면
곤두박질치기가 쉽거든요. 여기서 말하는 통념은 사전적
의미처럼 일반적으로 널리 통하는 개념이 아니라 대세의
여론이란 의미에 가깝습니다. 대세의 여론은 법적인 정의도,
도의적인 책임도, 윤리의 기준과도 다른 모습인 경우들도
많지요.

어쨌든 그 대세의 여론과 반대도 아니고 조금 다른 방향의 생각을 말해도 거센 반응이 나올 때가 많아요. 저는 해도 그만, 안 해도 그만인 말보다는 남들이 생각하지 않았던 방향의 말을 했을 때의 뿌듯함과 위트를 사랑해서 코미디언을 하고 싶다고 생각했는데 그 위트도 기만인 셈이죠. 저는 점점 해도 그만, 안 해도 그만인 말만 합니다. 인생의 주인공이 되어라, 인생의 주인공이 되지 말아라, 내 인생을 내가 살아라, 내 인생을 내가 살도록 내버려두지 말아라 같은 말들만 익살맞은 척 연기하면서 말합니다. 그게 무난하거든요. 그러는 동안에도 단어 몇 개 바꾸어 표현해서 새로운 생각인 양 포장하는 겁니다. 이 과정에서 기저에 깔린 우울이 몸에 밴 지 꽤 되었습니다.

저는 티브이에 많이 나오는 사람도 아니고, 그저 '제발 많은 사람들이 우리 채널 영상을 봐주었으면 좋겠다' 하는 생각을 매일 잠들기 전 습관처럼 하는 사람인데 이런 고민을 동시에 한다니, 이율배반적인 모습을 스스로 받아들이기가 쉽지 않네요. 어제오늘 문제도 아니고 익숙해지지도 않습니다. 적다보니 우울해졌습니다. 급하게 마치렵니다. 죄송합니다.

눈이 그쳤습니다. 이건 또 이것 대로 좋다니 이것도 우습네요.

웃기진 않고 이런 제가 우습습니다. 또 편지 드리겠습니다.
고맙습니다.

상훈 올림

정직한 장사꾼의 마음

상훈님께   드리는   두번째   답장

이석원

¶ 추위에 별고 없으신지요. 지난겨울에 아버지가 코로나에 걸려서 돌아가실 뻔하셨거든요. 그때 약에 취해 병원 침대에 누워 있는 아버지의 어깻죽지를 저도 모르게 손으로 쿡 하고 눌러본 적이 있었어요. 놀랍게도 그건 오십이 넘은 아들이 자신을 낳아준 아버지와 태어나 처음 가져본 스킨십이었죠. 저는 그 일이 저희 부자의 관계를, 또한 아버지가 어떤 사람인지를 보여주는 상징적인 사건이라 믿었어요. 한데 얼마 뒤 엄마가 내다버리려는 몇 장의 사진을 도로 주워다 보면서 저는 놀라운 광경을 목격하게 됩니다. 한 장의 낡은

컬러사진 속에서, 근 50년 전의 젊은 아버지가 어린 제 뺨에 수염 가득한 자기 얼굴을 부비고 있지 뭡니까.

아, 맞다. 아버지 출근길이면 집 문 앞까지 엄마 따라 아버지를 배웅 나갔다가 늘 따가운 수염 공격을 받곤 했었지.

저는 그제야 오래전 일을 기억해냈지만 이미 '평생 아버지와 살 한번 부대낄 일 없었다고, 우리 아버지는 그런 사람'이라고 그 긴 세월을 철석같이 믿어온 뒤였죠.

상훈님께서 편지 서두에 기억에 대해 말씀해주셔서 저 역시 생각이 제법 많아지고 말았습니다. 저는 그때 해골바가지에 담긴 물인 줄도 모르고 세상 시원하게 목을 축이던 원효대사만큼이나 충격을 받았어요. 그랬구나. 내 부모와 나 사이에 엄연히 이런 일이 있었는데, 그걸 기억하지 못함으로써 그 일은 내게 평생 없던 일이 되고 말았구나, 하고 생각하니 문득 이런 의문이 드는 거예요. 그럼 이 세상의 수많은 사건과 사람과 순간들이, 기억되지 못하는 한 존재하지도 않는 것인가?
저는 정말 잘 모르겠어요. 굳이 돌이킬 필요 없는 일들이야 그렇다 치더라도, 비록 기억나진 않지만 수없이 웃고

즐거워하며 행복해했던 순간들이 평생에 걸쳐 있었을
텐데. 단지 내가 그걸 기억할 수 없다고 해서 분명 있던
일이 없던 것으로 되어버리는 게 맞는 건지, 왜 그래야만
하는지, 그렇게 많은 것들이 차츰 무의미해져가는 걸 견디며
살아가는 게 우리의 숙명일 수밖엔 없는 것인지…. 이렇게 또
저는 아무것도 알 수 없는 상태가 되어버리고 말았습니다.

생각해보면 저처럼 아는 게 없는 사람이 작가님 소리를
듣는 게 신기하기도 합니다. 작가란 보통 세상에 해답을
주는 사람이지 저처럼 독자에게 질문을 던지는 형태로
글을 쓰는 사람은 많지 않잖아요. 실제로 저는 아는 게 너무
없어서 주위에 뭘 자주 물어봅니다. '이걸 할까 저걸 할까.'
'어느 게 더 나은 선택일까.' 하도 물어보니까 어떤 분들은
"당신 결정 장애냐고, 그냥 하고 싶은 대로 하면 되지 왜
자꾸 묻냐"고 짜증을 내기도 하는데 오, 어쩌죠. 난 하고
싶은 게 없는데. 설령 있다 해도 내가 뭘 하고 싶은지는 별로
중요하지 않은데. (창작자로서) 지금 내게 중요한 게 있다면
그건 사람들에게 필요한 게 뭔지를 알아내서 바로 그걸 내가
해주는 건데.
저도 처음부터 이러지는 않았던 것으로 기억해요. 어쩌면
저도 상훈님처럼 대세를 살피고 여론의 눈치를 보다가

여기까지 오게 된 것인지도 모르죠. 그래선지 이번에 주신 편지를 읽으면서, 여러 번 제 자신을 떠올렸어요. 자신의 용의주도함과 명석함은 숨긴 채 하필이면 가장 서툰 모습을 사람들 앞에 내미는 상훈님을 보면서도 그랬죠. 왜 그런지 저도 남들이 저를 실제의 저보다 어리숙하고 못나게 인식해야 마음이 편했거든요. 착한 모습보다는 심술궂은 악당처럼 보일 때 더 뿌듯함을 느꼈죠. 저의 이러한 행동도 상훈님의 그것처럼 일종의 블러핑이었을까요? 그래야 내가 뭔가 결과물을 내놓았을 때 사람들이 반전을 느끼면서 '아니 저런 사람이 어떻게 이런 걸?' 하며 놀라길 바라는 의도에서였을까요? 늘 무섭고 화가 나 있는 사람으로 저를 인식하게끔 해야, 언제고 웃음에 관한 비장의 카드를 던졌을 때 이내 경직되어 있던 상대의 마음이 무장해제되면서 폭발적으로 웃어재끼는 반응을 노릴 수 있어서 그랬던 것일까요?

그렇게 제 마음대로 느껴버린 동질감 때문인지 상훈님의 이번 편지는 왠지 모르게 가슴이 찡하기도 하고 맞아, 나도 그랬는데 하며 동조의 마음이 들기도 했습니다. 무엇보다 상훈님의 우울이 길어지지 않기를 바랐어요. 상훈님과 달리 제게는 아주 강력한 '흥행병'이 있어서, 하고 싶은 말을 하지

못하는 고통쯤 흥행으로 얼마든지 보상받을 수 있다고
믿었거든요. 그래서 다른 것들은 얼마든지 쉬 포기해버릴
수 있었던 저와 달리, 여전히 뻔한 말을 하고 싶지 않은
상훈님의 고민과 우울이 저는 부럽기도 했습니다. 단지
하고 싶은 말을 하지 못해서가 아니라 가능한 한 내 진짜를
보여주고 싶은, 뭐랄까 정직한 장사꾼의 그것과도 비슷한
마음이 여전히 상훈님 안에 가득한 것 같아서요.

이제 이 긴 편지도 마쳐야 할 때가 온 것 같네요. 저는
음악 하는 내내 일종의 죄책감을 안고 살았습니다. 제게는
음악이, 하고 싶어서 하는 일이 아니라 하기 싫어 죽겠는데
억지로 하는 일이었기 때문에 저 자신과 관객들에게 늘
죄를 짓는 기분이었죠. 그러다 세월이 흘러서 마침내
진짜로 그 일을 그만두고서는 사람들에게 비로소 과거에
내가 어떤 마음으로 무대에 올랐는지를 털어놓았을 때, 전
놀랐어요. 사람들이 최소한 화를 내거나 절 사기꾼 취급할
줄 알았거든요. 그런데 어렵사리 내 진심을 꺼내 보였을 때,
누구도 저를 죄인 취급하지 않았죠. 그것은 제게 정말로
놀라운 일이었어요. 왜냐하면 긴 시간 무대에 서면서 저는 저
사람들(관객들)이 내 속마음을 알면 더는 나를 봐주지 않을
거야. 나는 관객을 속인 거짓말쟁이 취급을 받으면서 무대

밖으로 내쳐질 거야. 그러니까 나는 (이 일을 하면서) 결코
모든 것에 진심을 말해서는 안 돼, 라고 굳게 믿었었거든요.

상훈님. 저는 지금 상훈님께, 그러니까 우리처럼 무대에 서는
사람들은 타인과 세상에 대해 너무 속단을 해서는 안 된다고,
그러니 나를 지켜봐주는 사람들을 조금만 더 믿어보자고
권하는 것은 아닙니다. 제가 감히 조언드릴 주제도 되지
않을뿐더러 무엇보다 조언이란 결국 남의 상황을 빌어
자신에게 하는 것일 뿐이니까요.
오늘도 누군가의 안녕을 빌다가 말이 너무 길었네요. 그러고
보면 좋은 책은 읽다가 불쑥불쑥 나도 글이 쓰고 싶어지듯이
상훈님의 편지도 한 권의 좋은 책처럼 많은 말을 부르는 것
같아 신기하고 감사한 마음이 들기도 합니다.
다시 한번, 평안하십시오.

멀리서
이석원 올림

추신.
참, '본질보다 표현'에 관한 이야기는
다음 편지에 써야겠어요.
이번엔 할 얘기가 조금 많았네요.

흥행병에 대해서, 그리고 나는 자꾸 짜쳐지기만

석원님께　　드리는　세번째　편지

문상훈

¶ 저는 술자리를 좋아하는데요. 석원님의 답장을 읽으면서
제가 가장 좋아하는 정도의 취기가 오른 기분이 들었습니다.
여기서 취기란 표현은 '솔직함' 내지는 '이완된 마음'으로
바꿔도 무방합니다. 보통 술자리에서 이렇게 취할 땐 괜히
시선 둘 곳이 없어서 벽에 붙어 있는 메뉴나 낙서들을
바라보고요. 답답한 건 없는데 한숨을 땅이 꺼져라 쉬고,
불콰해진 볼에 손등을 대봅니다.

바닷가 모래를 꽉 쥐었을 때처럼 기억이 점점

흐릿해지신다고요. 그리고 그 소멸의 과정이 점점
무의미해져가는 게 결국 숙명인지 아무것도 알 수 없는
상태가 되어버리고 마셨다니요. 제가 15년 전 『보통의
존재』를 처음 깊게 읽었을 때와 꼭 닮은 표정이 되는
문장입니다. 저도 하루종일 거울만 들여다보며 제
마음의 어디까지가 진짜고 가짜인지 딱지가 생길 때까지
긁어 대는데요. 하도 긁어 손톱이 다 아프던 차에 석원님의
그 말씀이 효자손이 되어 같이 긁어주셔서 감사했습니다.
석원님은 가장 섬세한 부분의 감정까지 무심하게 툭툭
잘 풀어내시는 것 같아요. 단순히 문장을 감상하는
태도라기보다는 마음 깊은 공감과 박수를 보내고 싶습니다.
모쪼록 솔직하게 표현해주신 덕에 큰 위로가 되었습니다.

석원님, 그런데요. 제게 위로가 되었던 점은 조금
역설적입니다. 기억이 사라지면서 분명히 존재했던
순간들이 그냥 없었던 일이 될까, 걱정된다는 것이 오히려
위로가 되었거든요. 제가 지난번 편지를 적을 때 그날따라
아낌없이 내리는 눈에 조금 궁상을 담아 보내드렸는데요.
제 딴에는 그때 가지고 있는 고민들을 적었습니다만
부끄럽게도 정확한 내용이 뭐였는지 잘 기억이 나지 않아요.
기억이 나지 않으니 고민도 없었던 것 같은 느낌이네요.

한 톨도 놓치고 싶지 않아 꽉 쥘수록 더 빠르게 사라지는
기억들 중에 좋은 것만큼이나 괴로운 것들이 많다는 사실을
깨닫게 되면서 이게 좋은 구석도 있구나 하는 생각을 하게
되는 것입니다. 엎어진 말은 주워 담을 수 없지만 완벽하게
사라진 기억은 처음부터 존재하지 않았던 일이 될 수 있다는
게 듣던 중 반가운 소식이 된 것 같아요. '망각도 기술이다'
'잊거나 잊히는 것이 사람이 사는 데에 굉장히 중요하다'는
이야기들은 이미 시중에 많지만 제가 직접 더듬거려서
깨닫게 되었다는 데에 의미를 두려고 합니다. 사실 이
생각이 틀린 생각일 수도 있고 제 성격상 이렇게 내린
결론이 또 바뀔 수도 있겠습니다만 오늘의 공상은 이 정도로
마무리하려고 합니다.

말씀하신 흥행병에 대해서 생각해봅니다. 석원님의
작업물들을 보면 제가 추구하고 좇던 완벽한 흥행의 완성
형태라는 생각이 듭니다. 석원님은 "강력한 흥행병"이라고
표현하셨지만요. 조금 더 시쳇말로 이야기해보도록
하겠습니다. 저는 석원님의 작업들을 보면서 단 한순간도
'짜친다'라는 생각을 해본 적이 없어요. 짜치기는커녕
세련되면서도 대중성까지 보장된 작업물들이라고
느꼈습니다. 석원님의 신보를 제가 처음 듣기에 어색했다면,

그건 석원님의 작업물이 어색한 것이 아니라 제 소양이
부족하다고 생각했습니다. 요컨대 그것들이 제게 있어
좋다는 것의 기준이 된 적이 훨씬 더 많다는 내용입니다.
그 짜치지 않음의 기준에는 대중성, 상업성이 포함되어
있습니다.
사람들이 대중성을 나쁘게 표현할 때 그것을 '짜친다'고 하는
경우를 보곤 하는데요. 대중적이지만 짜치지 않은 것도 많고,
짜치기만 하고 대중적이지 못한 것은 더더욱 많잖아요. 저는
가수 프린스를 더 좋아하지만 '마이클 잭슨을 완성시킨 것은
상업성'이라고 평가한 누군가의 말을 자주 곱씹곤 합니다.

저도 후진 것을 하고 싶지 않다고, 짜치는 작업을 할 바에야
아무것도 하지 않겠다고 허공을 향해 술 취한 주먹질을 할
때가 많았지만요. 유튜브 채널에 영상 업로드를 해오면서
아무도 이해하지 못하는 웃음, 만든 사람만 낄낄거리고 마는
자위 같은 유머 포인트만큼 비참한 것이 없다는 것 또한 알게
되었습니다.
그걸 알게 되는 과정에서 '백 명의 무던한 사람들은 몰라도
돼. 한 명의 멋쟁이만 알아줘도 돼'라거나 '한 명이 열 번
보는 영화가 열 명이 한 번 보는 영화보다 멋진 거야' 같은
저울질을 쉼 없이 해오긴 했지만, 결과론적으로 작업의

완성은 봐주는 사람이라는 말을 하게 되었습니다. 이
지점을 경계하게 돼요. 제가 만든 영상을 아무도 봐주지
않을 때 제가 재수없어하던 사람들이 하던 말들이거든요.
그런 말들엔 '타협'이라든가 '뜨고 나서 해'라는 말들이 함께
쓰였지요. 저는 음악인도 아니지만 인디 뮤지션의 신세에
감정이입을 하면서 의미 없는 술잔만 비워 냈습니다.

석원님. 시간이 흐르고 아무도 안 봐주던 저희 영상을
사람들이 봐주기 시작하니까 마음이 바뀐 걸까요?
이만큼 간사한 것도 없지요. '멋없는 사람들이 저희가
공들여 만든 영상의 숨겨진 뜻도 모르고 의미 없이
소비하는 것', 즉 대중의 인기라는 맛을 알게 되었어요.
소비해주니 좋더라고요. 가상의 적이라고 상정해놨던
집단은 사실 멋없는 사람들이 아니라 우리를 몰라주는
사람들이었습니다. 우리 영상을 알아주고 봐준다는
것만으로도 제가 미워했던 그들과 기꺼이 한패가
되었습니다. 이렇게 화장실 들어갈 때와 나올 때 정반대의
마음가짐 같은 모순이 또 쉽지 않더군요.

그래서 저는 이를 받아들이기 위해 '생계'라는 단어를
끌고 와서 다시 의미를 붙여대기 시작했습니다. 아무리

짜치더라도 (그것이 짜치다고 생각하지도 않지만) 내가 하고
싶던 일로 적게나마 생계를 꾸릴 수 있다는 사실이 그 어떤
예술성보다도 위에 있다는 말을 하게 된 것이지요. 스스로를
인디 뮤지션이라고 주장하던 제가 정반대의 주장을 하게 된
것입니다.

이런 종류의 생각도 괴로워했다가 맞는 말이라고
생각했다가 하는 정반합을 몇 번 반복했습니다. 그래서 저는
이제 그 어떤 방향의 생각도 잘못이라는 생각을 하지는
않습니다만, 석원님께 그냥 이 부분에 대한 의견을 여쭤보고
싶었어요. 어떻게 생각하시는지. 이 주제로 고민하면서
스스로를 미워하기도 좋아하기도 이미 닳을 대로 해서
감정의 소모는 없습니다.

제가 답장을 적다보니 제 주량보다 한두 병 더 취한 기분이
듭니다. 목이 조금 쉰 것 같기도 하고요. 여러모로 상기된
것은 분명한 것 같습니다. 오늘은 최고 기온이 15도까지
오른다고 합니다. 미세먼지 조심하시고 오늘도 편안하셔요.
이만 줄이도록 하겠습니다.

상훈 올림

나는 그거면 되니까

상훈님께   드리는   세번째   답장

이석원

¶ 망각이 상훈님을 편안케 하였다는 말씀을 듣고 문득
처음 내시경 검사를 받던 생각이 났습니다. 책에도 언급한
바 있습니다만, 저는 어려서부터 받아본 적도 없는 내시경
검사에 대한 깊은 공포가 있었어요. 경찰이셨던 작은아버지
때문이었죠. 그 직업도 직업이거니와 도무지 무서울 게 없어
뵈던 분이 어느 날 자기는 죽어도 내시경만은 받지 않을
거라고 중얼거렸을 때, 덩달아 어린 저까지 그 일에 겁을
집어먹게 된 거죠.

세월은 흘렀고, 기어이 저도 내시경 검사를 받아야만 할
나이가 되어 망설이던 어느 날이었어요. 다섯번째 앨범을
만들던 중 아래로 핏물을 몇 번이나 쏟아낸 다음에야 병원을
찾았습니다. 그나마 다행인 건 작은아버지 젊어서는 없었던
수면내시경이라는 방법이 개발되었다는 것이었죠. 그런데
그 방식, 그러니까 수면마취제가 고통을 덜어주는 방식이
되게 희한했어요. 이게 의학적으로 정확한 얘기인지는
아직도 자신이 없긴 한데요. 피검사자가 수면내시경을 위해
주입받는 약물은 엄밀히 말하면 고통을 없애주는 게 아니라
단지 고통에 관한 기억을 없애주는 약물이라는 거예요.
그래서 정말로 수면상태에 드는 게 아니기 때문에 환자는
검사를 받는 동안 의사와 대화도 하고 아파서 소리를 지를
수도 있지만, 검사를 마치고 나면 그 모든 기억을 잊게
된다는 거죠.

저는 의아했어요. 아니, 그럼 분명 고통을 느꼈는데 단지
그 기억을 잊게 해준다는 것만으로 무슨 진통효과가
있다는 거야? 하며 의심했던 저는, 검사를 받고 나서야
알게 됐죠. 이 방식이 놀랍도록 효과적이라는 사실을. 나는
분명 길고 두꺼운 고무호스가 내 목구멍 안으로 사정없이
밀려들어오는 순간에 캑캑거리며 고통을 호소했을 것인데,

이후로도 몇 번의 내시경 검사를 더 받았지만 한 번도 검사가
힘들다는 생각은 들지 않았거든요.

그러니 망각의 위력이란 얼마나 대단한 것인지. 단지
기억하지 못한다는 이유만으로 마치 고통이 애초에
존재조차 하지 않았던 것처럼 느껴지니 말입니다. 이런, 제가
또 처음부터 불필요한 말이 길었네요. 이 나이까지 살다보니
잊히고 사라지는 것들 때문에 서글픔을 느끼면서도, 저 역시
상훈님만큼이나 잊어먹고 기억하지 못함으로써 죽지 않고
살 수 있었던 순간들이 많았거든요.

이제 저도 상훈님을 따라 흥행병에 대해 다시 생각을
해봅니다. 제가 그런 병이 있다고 고백하면 사람들은 농을
친다고 생각하는지 와하하 하고 웃는 경우가 많거든요.
하지만 30년 전 창작생활을 시작했던 이유도 거창한 예술적
포부보다는, 그저 세속적 욕망이 저를 더 크게 움직였습니다.
한 명의 뮤지션으로서 가능한 한 많은 판(앨범)을 팔고
싶었고 그에 따른 돈과 명성도 원했죠. 어려서부터 보고
자란 저의 선망의 대상들이 익히 그랬듯이요. 하지만 현실은
할리우드 영화가 아니었어요. 첫 앨범을 내고 나서는 앨범
백만 장을 팔기는커녕 욕만 백만 번쯤 먹어서 배가 다 터질

지경이었고, 2집을 냈을 때는 앨범 발매 기념 공연에 사람이
너무 오지 않아 실망했던 순간도 있었죠. 그때, 홍대 앞 작은
클럽 맞은편에 있는 한 허름한 식당 방 한편에 쪼그리고
앉아서 제발 관객 수 '백 명'이 넘기만을 손 모아 빌던 저는,
그로부터 한참 더 시간이 흐르고서야 그 몇 배로 소원을
이루게 됐지만 관객동원—다시 말해 흥행에 대한 공포는
결코 제 안에서 사라지지 않았습니다.

내일 공연하는데 사람들이 안 오면 어떡하지?
쪽팔린데 죽어버릴까?

왜 그런지 저는 무대에서 바라보는 듬성듬성 빈 객석이
그렇게나 수치스러웠어요. 아마 그래서 저도 상훈님과
비슷한 고민들을 했던 것 같긴 한데, 다만 저의 고민의
시간은 상훈님처럼 길지도 치열하지도 않았습니다. 타협
지점으로 가는 길이 제겐 너무 수월했달까. 물론 저라고 후진
것을 하고 싶지는 않았지만 필요하다면 기꺼이 콘서트에서
트로트를 부르고, 다른 서양밴드들은 하지 않는 한국형
레크리에이션 같은 것들을 아무렇지 않게 했죠. 왜. 관객들이
웃으면서 좋아하니까. 나는 그거면 되니까. 쿨하고 담백하고
본토 냄새 나고 예술가스럽고 이런 것은 난 모르겠고,

당신들이 내가 만든 결과물에 담긴 숨은 의도나 진의 같은
것들은 몰라도 상관없으니 그저 이 빈 객석만 꽉 채워주시라,
하는 심정이었으니까. 나는 그거면 되니까. 다른 건 굳이
바라지 않으니까.

아아, 상훈님. 쓰다보니 또 이렇게 말이 길어지고 말았네요.
하지만 제가 이렇게 흥행병을 갖게 된 데에는 나름의 사연이
있답니다. 어쩌면 그 사연이 이번에 보내주신 글 말미에 제게
물으신 것과 맥락이 닿을 수도 있어 더 말씀을 드려볼까
합니다.
제가 이해하기로, 상훈님께서는 이른바 짜치지 않은 것과
대중성 사이에서 줄타기를 하다 어느 한쪽으로 기울어가고
계신 중인데, 그 명분으로 '생계'를 끌어다 쓰고 있다고 하신
것 같아요. (부디 제 넘겨짚음이 맞기를.) 그런데 저는 말씀하신
생계 문제와 짜치지 않은 것을 구분해본 적이 없거든요.
저는 30년 전에 처음 음악을 시작했을 때 음악을 만든 저와
그걸 받아들이는 대중들 사이의 생각의 차이가 얼마나 크고
좁히기 어려운 것인지를 깨닫고, 적어도 그 부분(주관적
평가)에 대해서는 영원히 마음의 문을 닫아버렸어요. 대신
사람들이 내가 만든 걸 얼마나 많이 사주는지에 대해
집착하기 시작했죠. 그것만큼 인간의 주관이 개입할 여지가

없는, 가장 순수하고도 객관적인 평가 지표가 없다고
믿었으니까요. 거기에, 제 특유의 흥행에 대한 욕망까지
더해져 저는 늘 '작품'보다는 '제품'을 만들고 싶어했습니다.
그런데 이상하죠? 그런 저의 바람과는 달리 사람들은
제가 뭘 내놓으면 희한하게 제품이 아닌 작품 취급을
해주더라고요. 늘 대중성을 최우선으로 삼으며 빈 객석을
채우기 위해 그토록 열심이던 저의 행보를 뻔히 보면서도요.
마치 상훈님이 '이석원이가 만든 건 안 짜치더라' 하고
말씀해주신 것처럼요.

요는 뭐냐. 저는 애초에 스스로를 예술가라기보다 장사치로
여겼지만, 그런 선택조차 결국 나라는 존재를 드러낼
뿐이었습니다. 상훈님께서도, 짜치지 않음과 대중성 사이를
오가며 때로는 생계라는 이름으로 그 선택을 합리화할
때도 있다고 토로하셨지만, 어떤 길을 가서도 결국에
'문상훈'이라는 존재는 드러날 수밖엔 없다고 생각해요. 내가
나를 무엇으로 여기건 어떻게든 숨길 수 없이 세상에 드러날
수밖엔 없는, 그게 바로 나라는 존재이기 때문에.

끝으로 이 한 말씀만 더 드리고 오늘은 이만 물러갈까
합니다. 저희처럼 무대에 서는 사람들에게 타협이란

숙명과도 같은 것이 아닌가 생각합니다. 다만 우리가
직업상 남의 마음을 훔쳐야만 하는, 일종의 도둑과도
비슷한 신세라는 데에 동의하신다면 이런 예를 들어보고
싶어요. 돈이 없어 한 열흘 굶어 어쩔 수 없이 남의 집 쌀통을
뒤지더라도, 죽을 것 같은 죄책감에 괴로워하며 쌀을 훔치는
사람과 아무렇지 않게 그 일을 감행하는 사람의 차이는 있지
않을까요? 앞의 도둑의 그 고민과 자책감을, 어차피 도둑인
건 같으니 무의미한 것 아니냐고 치부할 수 있을까요?
그래서, 그 둘의 남은 평생은 결코 다른 모습은 아닐 거라
예단하는 게 옳은 태도일까요?

오늘은 여기까지 하겠습니다. 저는 그저, 누구보다 예민하고
영민하셔서 가진 재능만큼 빛나는 상훈님의 청춘이 문득
부러웠어요. 그래서 감사했구요.

멀리서

이석원 올림

추신.

저는 프린스와 마이클 잭슨을 놓고 굳이 단 한 사람만을 택해야 한다면
마이클 잭슨입니다. 둘 다 너무 좋아하지만 제가 마이클 잭슨의 손을
들게 되는 이유는 그가 언젠가 자신을 스타로 만들어준 프로듀서 퀸시
존스의 '뒷말'을 하다가 걸렸다는 뉴스를 보았기 때문입니다. 그것도
모자라 울면서 빌었다는 소식을 들으면서부터요. 모름지기 스타는 웃겨야
합니다. 그 웃음 속에 여느 사람들과도 같은 흥허물과 평범함이 깃들어
있으니까요. 저의 영원한 은둔의 왕자 프린스는 평생 제 동경과 감탄의
대상이었지만 좀처럼 흐트러진 모습을 보이지 않았고, 덕분에 저는 그
때문에 한 번도 웃어본 적 없거든요. 하지만 마이클 잭슨은 저를 꽤나 자주
웃겼고, 그래서 저는 그가 죽었을 때 프린스가 생을 마감했을 때보다 더
슬피 울 수밖엔 없었습니다.

네네.

모든 보통의 존재를 위하여

석원님께   드리는   마지막   편지

문상훈

¶ 석원님께 답장을 받을 때마다 제가 쓴 문장에서 제
표정도 같이 읽으시려는 석원님의 표정이 보이는 것 같아요.
덕분에 마음이 따뜻해집니다. 저는 어릴 때부터 제가 쓰는
단어들과 표정들을 동시에 읽어주는 어른들에게 제 모든
비밀과 순정을 바치면서 살아왔던 것 같아요. 석원님의
모든 편지에서 그런 느낌을 받았고요. 석원님과 대화를
주고받으면 늘 기분좋게 든든한 한끼를 먹은 것 같아 한동안
기분이 좋았습니다. 게다가 이번 세번째 답장에서는 제
이야기의 행간을 읽어주신 것뿐만 아니라 석원님이 표현할

수 있는 가장 최대치의 솔직함을 보여주셔서 더 큰 감사를
드리고 싶었어요. 예. 정말 감사드립니다.

저희가 이렇게 편지를 주고받게 된 배경으로 돌아와서요.
『보통의 존재』가 많은 사랑을 받고, 세상에 나온 지
15년이 지나 또 이렇게 기념하게 된 이유를 다시금
생각해봅니다. 너무 진부한 표현이지만 석원님께 위로를
받습니다. 독자들을 위로하려고 적은 게 아닌, 그저 담담한
석원님의 독백에서 더 깊게 위로를 받았어요. 석원님은
솔직함을 재료로 이리저리 요리하는 요리사 같습니다.
솔직함의 차원을 더 깊게 파기도, 얕게 낮추기도 하고 또
횡으로 종으로 나열하고 빼고 줄이고 하시니까요. 단순히
솔직함이라는 관념을 넘어 내 생각의 흐름을 의심하고,
무의식 속의 방어기제까지도 낱낱이 헤아려보는 시선에서
저를 포함해서 많은 사람들이 공감과 위로를 받았습니다.
인기 있는 블로그의 식당 후기, 수술 후기, 여행 후기들처럼,
비슷한 생각을 가지고 있는 사람들에게 '인생 후기' '고민
후기' 같은 느낌을 주신 것이지요. 어떤 블로그보다도 도움이
많이 되었습니다.

『보통의 존재』에서 "역시 조언이란 남의 상황을 빌어

자신에게 하는 것임을 다시 한번 깨달으며"(118쪽)라고
적으셨던 것처럼요. 석원님께서 남의 상황을 빌려 자신에게
하는 조언과 고민의 후기들을 보며 다시 독자들이 깨달음을
얻는 것이지요. 어느 누구보다 치열하고 꼼꼼하게 자신을
들여다보는 석원님의 일기에서 시작된 책인 만큼, 15년 전
『보통의 존재』가 출간된 시절의 석원님과 독자들, 그리고
짧지 않은 15년의 시간을 보내온 우리 모두에게 시사하는
바가 크다고 느낍니다. 그 세월과 과정이 후졌건, 보람찼건
어찌 됐든 잘 살아내지 않았나 하는 생각으로요.『보통의
존재』가 처음 세상에 나왔을 때 읽었을 많은 사람들과,
그리고 여전히 읽고 있는 사람들과, 그 어딘가에서 각자의
삶을 열심히 살아온 15년을 함께 기념하고 축하하고
싶습니다. 그리고 수많은 보통의 존재들에게『보통의
존재』라는 이름으로 격려의 박수를 보내준 석원님께 보통의
존재들을 감히 대표해서 감사의 말씀을 드리고 싶습니다.

석원님과 또 대화를 나눌 일이 있을 거라 기대하며
마지막으로 궁금한 것이 있습니다. 처음 책을 쓸 때의
석원님과 지금의 석원님은 어떻게 다르고 또 어떻게
여전하신가요. 제가 대화 첫머리에 처음『보통의 존재』를
읽었을 때가 스무 살이었다고 말씀드렸지요. 저는 스무 살 때

보다 후회가 조금 더 늘었고 다행히 기대되는 부분도 아직
더 큰 것 같아요. 말씀드렸던 것처럼 아쉬움도 분명하지만,
어쨌든 나는 나와 떼려야 뗄 수 없는 관계이니까 미워도 나,
좋아도 나겠지요. 이런 부분을 『보통의 존재』를 읽으면서도
느꼈었고, 석원님과 겨울과 봄 동안 편지를 주고받으면서도
다시 한번 애틋하게 느꼈습니다.

석원님, 늘 건강 유의하셔요. 앞으로 음악을 들을
때나 매체에서 석원님 뵐 때마다 더 반가운 마음으로
응원하겠습니다. 석원님과 대화 나누는 시간 정말
즐거웠습니다.

상훈 올림

평생 겁쟁이로만 살다 생을 마감할 줄 알았는데

상훈님께   드리는   마지막   답장

이석원

¶ 벌써 마지막이라니 시원섭섭한 기분이 듭니다. 무엇보다
죄송했다는 말씀을 드리고 싶은데요, 상훈님도 저만큼이나
이 편지를 쓰는 일이 쉽지 않으셨으리라 짐작하기
때문입니다. 저만 그런 건지는 모르겠지만, 주제와 분량의
제한 없이 그저 쓰고 싶은 글을 쓰는 것은 제게 언제든
내 맘대로 타고 내릴 수 있는 놀이기구를 타는 것과도
같습니다. 그런데 지금처럼 특정한 사람과 편지라는 특정한
형식으로, 하여 거기에서 비롯되는 한정된 주제와 내용에
맞춰 언제까지 글을 마쳐야 한다는 일종의 마감 시간까지

주어지면, 제게 그럴 때의 글쓰기란, 그저 좋아서 아무 생각
없이 쓸 때와는 완전히 다른 차원의 일로 여겨집니다.

이번에도 그랬어요. 편지라니. 그것도 답장이라니. 살면서
수도 없이 답장을 써왔지만 그건 다 일과 관련된 것들이어서
그저 사무적인 답변을 주고받으면 그뿐이었거든요. 하지만
이번에는 당장 나와 편지를 주고받을 상대가 누군지도
알아야 했고 그가 무슨 말을 하는지도 귀를 바짝 세운 채
집중해서 들어야(읽어야) 했고, 막 글을 쓰다가도 행여 지금
내가 너무 내 얘기만 하고 있는 것은 아닌지, 혹 상대가 한
말과 사연과 고민과 물음들을 놓치고 있는 것은 아닌지 등등
살펴야 할 것들이 정말 많았죠.
덕분에 저는 알게 되었습니다. 좋은 답장을 쓰는 방법은 내가
무슨 말을 하는가에 달린 게 아니라 상대가 보낸 편지를
얼마나 많이 읽는가에 달렸다는 걸.
그래서, 이런 많은 것들을 고려하느라 답장을 완성하는
시간이 점점 늘어가고 있을 때, 마치 그에 화답이라도 하듯
상훈님께서도 때로는 일주일 혹은 열흘씩 답장 주기를
미루시는 걸 보면서, 저는 홀로 미소 짓곤 했습니다. 아, 지금
이분도 나처럼 내게 편지를 쓰는 일이 쉽지 않으신가보다.
그것은 흡사 동병상련의 마음이었어요. 같은 처지에

놓인 사람들만이 알 수 있는 서로에 대한 측은함이랄까.
(물론, 바빠서 그러셨을 수도 있으니 이건 어디까지나 저만의
추측이겠지만요.)

동병상련 얘기가 나와서 말씀인데 저는 우리가 이 편지를
주고받으면서 나이 이외의 것을 이야기할 수 있었던 것에
하느님께 감사했어요. 저는 상훈님의 연기도 보았고 남을
웃기는 사람이라는 것도 알았지만, 나이까지 구체적으로
안 것은 아니었거든요. 한데 이제부터 '문상훈'이라는 분과
편지 몇 통을 주고받아야 한다고 해서 검색을 해보았더니,
글쎄 91년생인 상훈님은 저와 스무 살이나 차이가 나지
뭡니까. 겁이 더럭 났어요. 과연 이렇게 나이 차이가 많이
나는 우리가 서로 공감하고 나눌 얘기가 있을까? 물론
저희가 연애를 할 건 아니지만, 저는 뭔가를 같이 하는 두
사람의 나이 차이가 너무 많이 나면 교감이 쉽지 않다고
생각하거든요. 서로 다른 세월을 살고 있을 확률이 높기
때문에.

여기 나이 차이가 꽤 나는 두 사람이 있다고 가정해보죠.
A는 원래 음악을 좋아했는데 이젠 나이가 들어서 관심이
전 같지 않아요. 하지만 B는 그렇지 않았어요. B는 이제

막 서른을 앞두고 있었고 A가 예전에 그랬듯 음악에 대한
호기심이 여전히 왕성했죠. 그래서 A를 만나면 항상 뭔가를
같이 듣고 싶어했지만 A는 그 순간이 힘들었어요. 자기는
음악을 좋아하던 그 시기를 이미 지나쳐와서 더는 그 일이
즐겁지도 생의 큰 관심사도 아니기 때문이었죠. 경험에서
비롯된 얘기냐 물으신다면 답은 상상에 맡기겠습니다만.

사실 제 나이가 사십 대 후반 정도만 됐어도 이렇게까지
걱정을 하지는 않았을 텐데. 이제 오십 대 중반에 들어선
저는, 나이가 주는 압박에 완전히 압도되고 있는
상황이었거든요.
작년에 아버지가 코로나에 걸려서 돌아가실 뻔하셨을 때,
저는 늙어 죽음의 위기에 처한 인간이 얼마나 무력하고
나약한 존재인지를 목격하고서 너무나도 큰 충격을
받았습니다. 그것은 결코 제가 상상하고 예상하던 죽음도,
노년의 삶도 아니었죠. 필립 로스의 말을 굳이 빌리지
않아도, 늙는다는 건 그야말로 "학살"이었습니다. 죽음
앞에서는 어떤 작은 저항도 가능하지 않았죠. 단지 하늘의
처분을 기다릴 뿐. 그런데다 하필 저 또한 나이 쉰네 살이
되어 창작자로서 처음 겪는 상황이 어찌나 당황스럽던지.
혹시 "인간의 재능은 용량제"라는 말 들어보셨어요?

하느님께서 제게 주신 쌀 한 톨만큼의 재주를 가지고 지난
30년간 이리저리 돌려막기 하며 살아오다보니 가진 게
바닥나 더는 아무것도 할 수 없는 지경에 이르게 된 거죠.
저는 다른 건 몰라도 하느님께서 제게 제목 짓는 능력만큼은
확실하게 주셨다고 믿었어요. 어떤 고민과 수고도 없이
원하는 제목이 원하는 만큼 나왔으니까요. '순간을
믿어요' '가장 보통의 존재' '언제 들어도 좋은 말'… 누구도
반대하지 못할 만장일치의 제목들이 별다른 노력 없이
나도 모르게 어디선가 잘도 튀어나왔죠. 하지만 마흔다섯을
넘기면서부터 슬슬 제목 짓는 일이 힘들어지기 시작하더니,
이제는 뭘 하다가도 제목을 지어야 하는 순간이 다가오면
공포를 느껴야 하는 지경이 됐습니다. 아무리 애를 써도
아무것도 떠오르지 않았으니까요.

이거구나. 이래서 나 같은 보통 사람의 재능이란 용량제요
정년제라고 했던 거구나. (사실 제가 한 말입니다.)

그런데 지금 나는 바로 그 지점에 도달해버렸으니, 앞으로
최소 이삼십 년은 더 이 일을 하면서 살아야 하는데 그럼
이제 나는 어떡하지? 하는 공포와 무력감에 빠져 있을 때,
하필 처음 손발을 맞추게 된 편집자가 제게 제안한 거죠.

『보통의 존재』 출간 15년 기념판의 일환으로, 저보다 스무
살이나 젊고 재능이 차고 넘치도록 유능한 어떤 분과 편지를
주고받으면 어떻겠냐고요. 하필이면.

그래서, 저는 앞서 말씀드렸던 이유로 젊어서는 만만하게만
보았던 나이라는 것에 완전히 압도를 당하고 있던
상황이었기 때문에(오죽하면 첫 책을 쓰면서 저 스스로 지었던
닉네임이 '나이 탐험가'였을까요. 제가 까불어도 너무 까분 거죠.)
이 젊고 새싹같이 파릇파릇하고 모든 것이 살아 넘치는
존재와 대체 무슨 얘기를 나눠야 할지 막막했습니다.
우리가 할 얘기가 있기는 할지, 나보다 훨씬 더 잘나가고
많은 이들의 기대를 받는 사람에게 도무지 무슨 얘기를
해주어야 할지. 해준다 한들 기껏해야 '당신도 한 20년쯤 더
살다보면 언젠가는 상상도 못할 세계가 기다리고 있을 테니
각오하고 있으라'는 말 정도 외에는 떠오르는 게 없었기에,
저는 상훈님의 첫 편지를 받고선 그만 놀라고 말았어요.
뜻밖에도 현실적인, 그러면서도 진솔한 자신의 이야기를
단단한 필체로 풀어가는 상훈님을 보면서 저는 예상 못
한 동병상련의 마음을 느꼈고, 덕분에 모든 걱정은 기우에
그치고 말았습니다.
무엇보다 저는 이렇게 편지를 주고받으면서 상훈님의

성찰적이고도 창작자로서의 책임감 강한 모습에 제 자신을 얼마나 많이 돌아봤는지 모릅니다. 사실 저는 이른바 자아성찰이란 걸 잘 하지 않으면서 살아왔거든요. 차라리 저는 상훈님처럼 창작자의 자의식 같은 걸 갖지 않으려고 오히려 애를 썼어요. 난 창작자(예술가) 뭐 그런 거 아니야. 난 그냥 속물이고 장사치일 뿐이지, 하며 스스로를 부러 낮추려고만 했죠. 그건 겸양도 아니고 다른 뭣도 아니었는데, 지금 돌이켜보면 그것 역시 겁 많은 저의 두려움의 소산이 아니었나 합니다.

말로는 '내가 보통의 존재라는 사실에 충격을 받았다' 어쨌다 했지만 실은 저부터 저 스스로를 가능한 별것 아닌 존재로 끊임없이 치부해왔죠. 그래야 언젠가 그런 나 자신을 확인받게 되는 순간이 왔을 때 상처가 덜할 테니까요.

물론 제가 그토록 두려움이 많은 사람이라는 사실은 이 책 『보통의 존재』 전체에 걸쳐서 이미 숨길 수 없이 드러나 있긴 합니다만. 바로 그래서, 그렇게 두려움이 많은 겁쟁이라서 이제부터 상훈님이 제게 마지막으로 물으신 내용에 대해 답을 드릴 수 있을 것 같습니다. 특히 『보통의 존재』를 막 냈던 15년 전에 비해 지금은 어떻게 다른 사람이 되었는지에 대해 물으셨잖아요. 이제 그 말씀을 드려볼게요.

저는 음악 시작한 지 꼭 30년이 되는 올 초에 몇 년 전
그만두었던 음악을 다시 하기로 결심했는데요, 결정을
내리기까지 많은 시간이 걸렸습니다. 나이 먹어서 모든 것이
전 같지 않은데 괜히 다시 했다가 망신이나 사면 어쩌지?
하는 두려움을 떨칠 수가 없었죠. 그러던 저의 오랜 망설임을
깨준 사건이 있었으니, 그건 바로 한강 작가님의 노벨문학상
수상소식이었습니다. 대체 한강 작가가 노벨상을 탄 거랑
이석원이 음악 다시 하게 된 거랑 무슨 상관이 있냐고
물으신다면, 사연은 이래요.
저 역시 그분의 수상에 놀라고 감격스러워 있던 책을
없는 줄 알고 다시 장만하는 등 흥분해서 며칠을 보냈죠.
그러다가 문득 그분의 심경이 궁금해 인터뷰를 찾아보게
됐는데 거기서 생각도 못한 대목을 발견하게 된 거예요.
수상의 기쁨을 한껏 피력해도 모자랄 판에, 그분은 뜻밖에도
모종의 불안과 두려움에 대해 털어놓고 있었습니다. 일설에
의하면 작가의 전성기란 육십대 초반까지가 한계라고들
하는데, 그렇다면 이제 오십대 중반인 자신에게 남은 시간이
얼마나 있겠느냐 하면서 그분은 그 생각을 하면 어떤 시간도
허투루 보낼 수 없다고, 결코 씩씩함과는 거리가 먼, 오히려
초조함에 더 가까운 고백을 하고 있었던 거죠.

그런데 말입니다, 상훈님. 이게 참, 남의 일에 말 얹기는
쉽다고, 내가 좋아하는 작가가 다가올 한계를 두려워하며
초조함을 피력하고 있는데, 문득 이런 생각이 드는 거예요.
'어, 나는 당신(한강)의 바로 그 전성기 이후의 글을 보고
싶은데.'

참 잔인하죠? 남의 두려움 앞에서 어떻게 그렇게 독자로서의
욕심에만 충실할 수 있는지. 그런데 한번 생각을 해보세요.
모든 투수가 하나같이 젊고 158킬로미터짜리 불같은
강속구를 던질 수 있는 선수로만 채워져 있는 프로야구단은
이 세상에 한 팀도 없잖아요. 그중에는 나이가 들어 이제
젊어서처럼 빠른 볼은 던지지 못하지만 평생의 경험을 통해
터득한 무언가로 팀에 기여하며 승리를 거머쥐는 투수들도
많잖아요.

바로 그렇듯이 저는 제가 좋아하는 한강이라는 대작가도
훗날 언젠가 나이가 들어 날카롭던 필치도 조금은 무뎌지고
세상을 보는 눈이 전 같지 않게 유해진다 하더라도, 그때의
글은 그것대로 가치가 있지 않을까. 하여, 젊어 시퍼렇게
날이 서 있던 펜대가 어느 날 더이상 전 같지 않음을
스스로 느꼈을 때 이 위대한 작가는 무엇으로 그 한계를
돌파할지를 보고 싶은 마음. 단지 남의 분투를 관람하고픈
구경꾼이라서가 아니라, 진심으로 그를 지지하고 응원하는

팬으로서, 나 역시 한 명의 창작자로서 그런 마음이 들었던
거죠.

이제 이 길었던 편지도 마쳐야 할 시간이 온 것 같은데요.
근데 한강 작가님 때문에 그런 마음이 든 거랑 당신이 그
나이에 다시 음악 할 결심을 할 수 있었던 거랑 도대체 무슨
상관이 있냐구요? 상관이 있더라구요. 왜냐하면 제가 늘
말씀드리잖아요. 조언이란 남의 상황을 빌어 자신에게 하는
것이라고. 그렇게 내가 좋아하는 작가의 고충을 접하고선
아니야, 당신은 전성기가 지나도 여전히 한강일 것이고,
당신이 육십대 칠십대가 되어 바라볼 세상을 궁금해할
독자들이 얼마나 많은지를 알아야 한다며 남에게 해줄 말을
되뇌다보니, 문득 저 자신에게도 같은 말을 해줄 수 있었던
거죠.
나이들어 제목 같은 거 잘 떠오르지 않아도, 늙어 쉬어버린
성대에서 힘없고 볼품없는 목소리만 나온다 하더라도, 이
나이에만 볼 수 있고 들을 수 있는 뭔가를 만들어낼 수만
있다면, 그건 그것대로 가치가 있는 게 아닐까 하는 데까지
생각이 이르자 비로소 저는 결심할 수 있었습니다. 그래.
결과는 어찌 될지 모르지만 한번 다시 해보자. 그래서 언젠가
다시 무대에 섰을 때 내가 그토록 두려워하던 빈 객석이

행여 보이더라도, 그리 실망하진 말자고 스스로를 다독일
수도 있게 된 거죠. 이 모든 게 한강 작가님이 노벨상을 탄
덕분이라면 너무 과장일까요.

상훈님. 이제 진짜로 상훈님께 드리는 마지막 편지를 마쳐야
할 시간이 온 것 같습니다. 이만하면 마지막으로 제게
물으신 '15년 전 처음 책을 쓸 때의 저와 지금의 저는 어떻게
다르고 또 어떻게 여전한지'에 대한 답이 됐을까요. 이렇게
평생 겁쟁이로만 살다 생을 마감할 줄 알았는데 뜻밖에
이 나이에도 용기를 낼 줄 알게 됐으니 이 정도면 조금은
다른 사람이 된 것도 같고, 그러면서도 여전히 흥행에 대한
불안을 완전히 놓지는 못하는 걸 보면 여전한 저 같기도 하니
말입니다.

모쪼록 문상훈의 시간이 오래오래 지속되길 바랍니다.
당신이 오십 육십을 넘어 칠십까지 사람들에게 웃음을 주고
창작자로서의 자신을 여전히 발산할 수 있다면, 그것보다
더 좋은 일이 어디 있겠습니까. 그동안 감사했고 정말 많이
배웠습니다.

늘 건강하십시오.

멀리서

이석원 올림

2부

코멘터리

시간에 덧대어본 문장들

손 한번 제대로 잡아보지
못했으면서

우리는 극장에서 처음 손을 잡았다. **광화문 씨네큐브**[*]였다. 영화는 왕가위가 참여한 옴니버스 영화였는데 제목은 〈에로스〉[*]였다. 나는 극장에서 손잡는 것을 좋아한다. 촌스러운 취향인지는 몰라도, 여전히 내겐 극장에서 손을 잡는 것이 프러포즈요, 애정의 표현이기 때문이다.

그날 나는 그녀의 손을 처음 잡아보기로 마음먹었다. 이미 극장이라는 공간이 둘 사이에 암묵적인 동의를 가능하게 해준 상태였고, 다만 내가 용기를 낼 수 있는가 하는 문제만 남아 있었다. 영화가 중반을 향해 치달을 때 나는 바보처럼, 그녀는 그것마저도 귀엽다고 해주었지만, 그녀의 귓

◑   나는 이 공간이 여즉 그 자리에 그 모습 그대로 남아 있다는 사실이 고맙다. 내 개인적인 추억 때문이라기보다는 서울은 너무 빨리, 너무 많은 것들이 변하기 때문에.

◐   당시 왕가위 감독의 영화를 좋아했음에도 그때나 지금이나 〈에로스〉가 어떤 내용의 영화인지 단 한 장면도 기억나지 않는다. 객석에 앉아 스크린을 보고는 있었지만 신경은 온통 옆 사람에게 가 있던 탓이겠지.

가에 대고 "나 이제 손잡는다"라고 큰 소리로 말한 후◐ 그
녀의 손을 덥석 잡아버렸다. 그녀는 웃으며 거부하지 않았
다. 처음엔 조금 어색한 기분이 들었다. 그러나 이내 그녀
의 체온이 따스하게 내 손에 전해졌다. 우리가 손을 잡은
것, 서로의 살이 닿은 것은 그때가 처음이었다. 그녀와 나
의 손이 포개어진 채 살짝 그녀의 허벅지 위에 놓였으므로
친밀감이 더해졌다. 길고도 애틋했던 침묵의 순간.

나는 손잡는 것을 좋아한다. 모르는 남녀가 거리낌 없이 하
룻밤을 보내는 원 나이트 스탠드가 요즘처럼 횡행하는 세
상에서도 누군가와 손을 잡는다는 행위가 여전히 특별할
수 있다는 것. 그 느낌이 이렇게나 따뜻하고 애틋할 수 있
다는 것이 나는 눈물겹다. 잠시 잠깐 만난 사이에서는 결코
손을 잡고 영화를 보거나 거리를 걷는 일 따위는 할 수 없
으니까.
손을 잡는다는 것은 그처럼 온전한 마음의 표현이다. 누구
든 아무하고나 잘 수 있을지는 몰라도 아무하고나 손을 잡
을 수는 없는 것이다. **그래서 나는 손잡는 것이 좋다.**◗

◐　　　　책이 나오고 시간이 한참 흐르고서야 내 기억이 잘
못됐다는 것을 알았다. 당시 내 옆자리에 앉아 나와 손을 잡았
던 이의 증언에 따르면 이때 나는 큰 소리는커녕 아주 소심하
고도 작은 소리로 거의 죽어가듯 속삭였다고 한다. 물론 둘의
기억이 엇갈렸을 수도 있지만, 애초 내 성격에 남들 다 들으
라고 극장에서 큰 소리를 냈을 것 같지는 않다. 그저 좋아하는
사람의 손을 처음 잡는 일이 너무나도 큰 긴장을 부른 나머지
잘못 기억을 했던 것은 아닐까.

◑　　　　이 생각은 15년이 지난 지금도 여전히 유효하다. 다
만 손잡을 기회가 점점 줄어들고 있을 뿐.
아마 언제까지나, 내가 누군가와 나눌 수 있는 가장 친밀하고
도 가슴 뛰는 스킨십은 손잡기가 아닐까.

그녀는 평소와는 다른 차림이었다. **허벅지의 트임이 이국적인, 마치 중국 여자들이나 입을 법한 소매 없는 붉은 원피스◐**는 그녀가 그날을 특별하게 생각하고 있다는 증거였다. 극장을 나선 우리는 반포의 작은 식당, **뉴욕 스테이크◐**에 가서 어떤 길 잃은 개에 관한 이야기를 나누며 저녁을 먹었다. 그것이 우리의 시작이었다. 시간은 흘렀고 마침내 모든 인연은 소멸하였다. 함께 보낸 시간들은 묻혀 화석이 되거나 기억과 함께 사라져갈 형편이 되었다.

세상의 모든 남자와 여자들이 이처럼 끝을 앞에 두고서도 아랑곳하지 않은 채 여전히 황홀한 사랑을 시작한다. 물론 시작은 시작일 뿐이다. 그들은 곧 중반기에 접어들고 사랑은 식어가는 결말을 맞이할 것이다. 이것은 자연의 순리로 이미 체념한 지 오래이긴 하나 나는 한 가지 아쉽게 생각하는 것이 있다. 바로 이 나이에도 불구하고 열정이 식어버린 상태에서 상대의 손을 잡아본 적이 한 번도 없다는 사실이다.

◐   기억난다. 아직도.

정작 그 사람과의 연은 진즉에 다한 지 오래인데, 웃을 때 감기던 눈이며 옷차림새만은 여전히 선명한 까닭은 뭘까.

그래. 어떤 순간은 사진처럼 남아 영영 사라지지 않는다.

◑   서래마을 골목길에 있는 이 작은 식당은 놀랍게도 20년이 훌쩍 지난 지금도 그 자리에 있다. 이 코멘터리를 작성하면서 핑계삼아 한번 가볼 생각도 해봤지만 그러지 않았다. 추억은 그저 추억으로 두는 것이 옛 기억을 오염 없이 보존할 수 있는 가장 좋은 방법 아닐까.

나는 언제나 손을 잡았을 때 아무런 느낌이 없으면 그것으로 사랑도 끝났다고 생각했다. 한 번도 열정이 없어진 사랑을 이어가본 적이 없었던 것이다. **그래서 나는 지금껏 공공연히 나의 사랑의 유효기간은 3개월이라고 말하고 다녔다.°** 그리고 그것은 사실이기도 했다. 아무리 좋아하던 사람도 3개월이 지나면 더이상 가슴은 뛰지 않고 키스는 짜릿하지 않더라. 나는 그런 정열의 소멸을 감당하지 못했다. 그리고 이제 나의 마음이 다하였나보다, 라고 굳게 믿고는 대책 없이 무력하게 끝을 향해 터덜터덜 걸어갔다.

늘 그랬다. 그런데 어느 날 생각해보니 사랑은 그런 것이 아니더라. 사랑과 열정은 한몸이 아니었다. 열정이 식는다고 사랑도 사라져버리는 것은 아니었다. 만난 지 5년 10년 된 사이에 무슨 설렘이 있고 어떤 긴장이 있겠는가. 하지만 그럼에도 불구하고 변함없이 사랑을 이어가는 사람들이 있다.

그런 사람들에게 손잡기란 어떤 의미를 갖는 것일까. 그들은 왜 손을 놓지 않을까. 나는 서로에 대한 신뢰와 믿음으로 굳게 결속한 이들의 마음이 어떤 것인지 알지 못한다. 더이상 서로를 봐도 가슴이 뛰지 않고 키스는 짜릿하지 않을 때, 잡은 손은 무디어 별 느낌이 없을 때 그것이 왜 절망

◑　　　이 기록은 세월이 흐르고 나이를 한참 더 먹고서야 비로소 갱신되었다. 적어도 이제 오십이 넘은 내 사랑의 유효기간은 더이상 3개월은 아니라는 것. 그렇다고 해서 한평생이 주어졌다는 건 아니지만.

이 되지 않는지, 어떻게 그럼에도 사랑을 이어갈 수 있는지, 나는 알지 못한다.
그리고 알고 싶다. 그럴 때 두 사람을 이어주는 끈은 무엇인지.

내가 정말로 누군가와의 관계에서 어느 날 정열이 사라져버린 상태를 받아들이고 지금까지 경험해보지 못한 새로운 사랑을 긴 호흡으로 이어갈 수 있다면… 어쩌면 나는 제대로 손 한번 잡아보지 못했으면서 너무 빨리 사랑에 대한 결론을 내리고 살아온 것인지도 모른다.

나이를 먹는다는 건, 손사래를 치며 외면하고플 정도로 진부하고도 상투적인 삶의 진실과 매일 마주쳐야 하는 일인지도 모른다.

누구든 살다보면 결과가 비슷하게 반복되는 일이 생기기 마련이고, 그럼 우리는 그 반복되는 패턴을 삶의 결론 삼아 우리 자신을 위한 매뉴얼에 등재한다—나는 절대로 짝사랑은 하지 않을 거라든가 하는 식으로. 이 복잡하고도 예측 불가한 삶을 가능한 한 실수 없이 살아내기 위해 저마다의 데이터를 적립해가는 것이다.

하지만 나는 열아홉을 지나 스무 살을 맞으면서, 또 스물아홉에서 서른이 되고 마흔이 막 되면서, 매번 그때를 생의 꽤나 중요한 전환점으로 여겼지만 지나고 보면 대부분 일시적인 호들갑에 불과했다.

무슨 말을 하고 싶은 거냐고? 우리가 살면서 내리는 소위 말해 인생의 결론이라는 건 세월이 지나면 변한다는 것. 그게 한 30년쯤 변하지 않아 일생토록 지속될 삶의 진리처럼 여겨지는 일이라 해도 언제든 변화의 가능성은 남아 있다는 얘기다. 평생 어김없이 반복되던 내 사랑의 유효기간이 무려 마흔아홉이 넘어 갱신된 것처럼.

아름다운 것 ❶

스물여덟 스물여섯

11년 전 우리는 어린 부부였다. ❶ 그땐 우리가 그렇게까지 어리다고는 생각지 못했었는데, 결혼식에 참석한 어른들이 하나같이 애기들이 결혼을 한다며 애처롭게 바라보던 이유를 이제는 조금 알 것 같다. **당시 나는 정말이지 가난한 형편이었기에** ❶ 그나마 가진 돈은 가능하면 신부를 위해 써야 했고 그러고도 남은 돈은 결혼식 이후의 생활비로 돌려야 할 상황이었다. 지금도 기억나는 건 동네 웨딩숍에 가서 3만 원짜리 턱시도를 빌리던 일이다.

처음에는 아현동 굴다리 부근 언덕길에 있는 웨딩숍 거리가 비교적 저렴할 거라 생각해서 돌아다니다가, 그마저도 비싼 것 같아 그냥 동네 아무데나 들어가 제일 싼 것으로

◐ 　　원래는 책의 제목을 '아름다운 것'으로 하고 싶었다. 그렇지만 출판사 대표(이병률 시인)님의 반대로 뜻을 이루지 못했다. 당시 그분은 '아름다운 것'이란 제목을 쓰기에는 내가 작가로서 아직은 오만한 감이 있다고 하셨는데, 그때나 지금이나 나는 그 말씀의 뜻을 정확히는 모른다. 다만 책을 내기 전해에 발표한 내 앨범의 타이틀《가장 보통의 존재》에서 그분이 '가장'을 덜어낸 덕분에 '아름다운 것'보다 더 좋은 제목을 갖게 되었다고 생각해서 큰 불만은 없었다.

◑ 　　1998년 10월에 식을 올렸으니까 벌써 27년 전 일이 되고 말았다. 식장은 잠실 올림픽공원 수변무대였다. 나의 밴드를 이끌고 지난 수십 년간 수없이 올라 노래했던 곳.

◐ 　　참 인생이 공교롭다. 하필 내 평생 처음으로 다른 사람과 둘만의 삶을 꾸리려던 그때가 내 인생을 통틀어서 가장 가난한 시절이었다는 것이.

고른 것이 3만 원짜리였다. 사실 당시엔 아무렇지도 않았었지만 훗날 시간이 지나고 나서는 왜, 가끔 KBS〈아침마당〉같은 데서 결혼식 못 올린 아주머니들이 나와가지고 울면서 서운해하는 장면을 볼 때면 남몰래 공감할 때가 있다.

그런데 3만 원짜리 싸구려 턱시도에 관해선 불만이 없었지만 머리만은 그렇지 않았다. 사실 이 머리라는 게 무턱대고 강남의 유명한 미용실을 가는 것보다는 지명도는 조금 떨어져도 자기 머리를 잘 아는 단골집에 가는 것이 마음도 편하고 성공확률도 높은 법 아닌가. 하지만 신부가 강남에서 머리를 해야 한다고 하도 고집을 부려서 할 수 없이 끌려간 곳이 도산공원 근처에 있는 유명한 C 메이크업 폼이었다. 새벽부터 일어나 아침 일찍 미용실에 도착해 자리에 앉아서 기다리고 있자니 무심해 보이는 인상의 한 남자가 다가왔다. 다들 선생님, 선생님 하기에 나도 엉겁결에 선생님 어쩌고 하며 어렵게 주문을 했건만 완성된 머리는 내가 지금 결혼을 하러 가는 새신랑인지 무슨 가장행렬 참가하러 가는 사람인지 분간할 수가 없을 정도였다. **결국 그 무책임한 선생인지 나발인지 덕분에 졸지에 엘비스 프레슬리가 되어버린 난**● 신부가 노발대발하며 폭발하고 나서야 겨우 평범한 옆가르마로 급전환하여 어쨌든 식장으로 향할 수 있었다.

❶　　　이때의 일을 생각하면 지금도 화가 난다. 나는 그때 앨범을 준비중이라 몇 달간 미용실을 가지 못해 머리가 많이 긴 상태였다. 그래서 앞머리며 뒷머리를 어느 정도 자른 후에 전체적인 머리의 형태를 잡아야 했는데 이 선생이란 자가 지저분하게 자란 머리를 다듬지도 않고 그냥 스타일링을 해버리는 것이 아닌가. 덕분에 멀끔한 새신랑으로서 식장으로 가야 할 나는 세상 우스꽝스러운 코미디언 같은 몰골이 되어버렸고, 그런 나를 본 신부가 화를 버럭 낸 후에야 밝혀진 진상은 참으로 어처구니가 없었다.

글쎄 우리가 커트비를 낸다는 말을 하지 않았기 때문에 머리를 자르지 않았다나? 이제 곧 결혼하러 가는 신랑 신부가 그 비싼 강남의 미용실을 이용하면서 그깟 커트비를 안 낸다는 게 말이 되는가. 다른 무엇보다, 남의 중대사 앞에서 책임감과 전문성이라곤 조금도 발휘하지 않았던 사람에게 선생님 어쩌구 하면서 머리를 조아렸다는 것이 지금 생각해도 화가 난다.

결혼식

신부가 야외 결혼이 아니면 결혼을 안 하겠다고 해서 한참을 싸웠다. 어른들이 모두 걱정하셨고 나도 웬만하면 날씨 걱정 안 하고 어른들 기분도 맞춰줄 수 있는 곳에서 하길 바랐지만 신부는 도무지 양보할 생각이 없었다. 결국 올림픽공원 수변무대에서 야외 결혼식을 하기로 했는데 결혼식을 올려야 할 날이 다가오자 갑자기 그주 월요일에 제주도 근처로 태풍이 상륙한 것이 아닌가. 다급해져 생전 처음으로 기상청 사이트에 들어가 주간예보를 확인한 결과 불행히도 결혼식이 열리는 토요일, 태풍의 진로는 정확히 서울을 향하고 있었다. **덕분에 하루하루 피를 말리다**❶ 마침내 다가온 결혼식 당일. 다행히 하늘이 도왔는지 역시 기상청 예보라서 맞지가 않았던 건지 날씨는 너무나 화창했다.

호수가 바라보이는 너른 공간에 산들산들 바람이 불고, 햇살이 가득한 축복 속에 스물여덟, 스물여섯의 어린 신랑과 신부는 함께 입장했고 결혼식은 그렇게 별 탈 없이 마칠 수 있었다. 바람이 조금 부는 바람에 주례사 도중 쇠로 된 아치가 넘어져 주례 선생님의 머리를 강타하는 사건이 벌어지긴 했지만 태풍 속에 야외 결혼식을 치르는 것에 비하면 아무것도 아닌 일이었다.

◑   정말로 결혼식을 앞둔 그 일주일 동안은 온몸의 피가 마르는 느낌이었다. 신부를 제외한 모든 사람들이 반대하는 일을 신랑인 내가 책임지겠노라 장담하며 밀어붙인 죄로, 나는 하루에도 열두 번씩 일기예보를 확인해야 했다. 길을 가다가도 공중전화부스가 보이면 무조건 들어가서 동전을 넣고 기상청에 전화를 걸어 세 시간마다 업데이트되는 주간 날씨를 확인했다. 남동해 어디쯤에서 발생한 태풍은 우리가 식을 올리는 곳으로 자비 없이 다가오고 있었다. 끝내 당일이 되어서야 아슬아슬하게 서울을 비켜가고 말았지만….

물론 그렇게나 많이 날씨를 확인한 적은 내 평생 그전에도 그 뒤로도 없었다.

94년 9월

나는 친구와 강원도로 여행을 떠났고, 우리는 사귀는 사이는 아니었지만 어느새 그 애는 날 배웅하고 있었다. 그렇게 떠났던 여행길에서, 처음 본 오징어잡이배들의 눈부신 광경을 보며 난 가슴이 터질 것처럼 한 사람을 그리워했고 돌아와 그 사람과 연인이 되었다. 그리고 4년 뒤 우린 부부가 되었다.

그때 칠흑같이 어두운 속초 앞 밤바다에, 마치 물 위에 잠실야구장이 몇 개나 떠 있는 것인 양 무섭도록 환한 불빛들이 수백 척의 오징어잡이배에서 쏟아져나오던 광경을 어떻게 잊을 수가 있을까. 나는 내가 본 아름다운 것을 보여주고 싶었다. 돈으로도 살 수 없는 귀한 것. 오직 너에게만 보여주고 싶은 것.

우리는 강원도에서 1박을 한 후, 오징어잡이배가 나타날 때까지 동해안 해안선을 따라 경주로 가는 밤길을 하염없이 달렸다. 중간중간 몇 척의 배들이 작지만 강렬한 빛을 내뿜을 때면, 그 애는 기껏해야 서너 척 정도가 군데군데 모여 있는 걸 보고도 소리를 질렀지만 그건 예전에 내가 본 온 바다천지가 오징어잡이배로 뒤덮여 있던 장관에 비하면

◑　　　혹시 헛갈리는 독자들이 있을까봐 노파심에 첨언
한다. 여기서 '나와 함께 강원도를 간 친구'와 '나를 배웅해준
사람'은 각기 다른 사람들이다. 강원도로 함께 떠난 사람은 그
저 친구였을 뿐이고, 사귀는 사이는 아니었지만 날 배웅해준
"그 애"가 바로 속초 앞 밤바다에서 오징어잡이배들이 내뿜는
불빛을 보며 내가 "가슴이 터지도록 그리워했던 사람"이다.

◑　　　아마 지금도 영업하고 있는 속초 낙산 비치 호텔에
서 묵었을 것이다. 나는 어디를 가든 항시 같은 곳으로 숙소를
정하기 때문에 굳이 기억을 더듬을 필요가 없다.

보잘것없는 초라한 광경이었다. 나는 그것이 못내 아쉬워 달리고 또 달렸다.●

스무 살이 넘어 처음 사랑에 빠지던 순간을 잊을 수 없다. 모든 시공간이 정지한 채 오직 너와 나만이 존재하던 시간들. 그러나 더욱 잊을 수 없는 순간은 그토록 사랑했던 사람에게서 내 마음이 멀어지는 걸 느끼던 순간이었다. 그때의 충격과 상실감을 무엇으로 설명할 수 있을까. 종말의 순간은 너무 빨리 찾아왔고 그 어떤 무엇으로도 돌이킬 수 없었다.●

사랑이 뭘까. 마음은 왜 변할까.

모르겠다. 하지만 지금도 그 애를 생각하면 문정동 어느 작은 공원● 문 앞에 걸터앉은 채 책을 읽으며 나를 기다리던 모습이 떠오른다. 그리고 그것이 내가 사랑한 그녀의 전부였는지도 모른다. 그것이 연민이건 뭐건 상관없다. 설사 그게 사랑이 아니라 해도 사랑보다 중요하지 않다고도 생각하지 않는다.●

결국 오징어잡이배들은 그때만큼 나타나지 않았다. 나는 신부에게 내가 본 그것을, 보여주고 싶었던 것을 보여주지

◑   그뒤로도 강원도를 여러 번 찾았지만, 94년 9월에 내가 본 것과 같은 광경은 다시 볼 수 없었다.

◑   어른들은 내게 사랑은 한번 시작하면 평생 하는 것이고, 그것도 한 사람하고만 하는 거라고 늘 말해주었기 때문에 어린 내게 사랑이 변할 수도 있다는 사실은 얼마나 충격이었는지 모른다. 그때, 세상의 숨은 진실은 언제나 교과서 밖에 있는 법이라는 걸 조금만 더 일찍 알았더라면.

◑   이 공원은 문정동 일대의 재개발 열풍 속에 지금은 사라져버렸다.

◑   당시 첫 책 출간을 앞두고 어떤 글을 써야 할지 혼란스러워하던 내게 어떤 분이 이 문장을 두고 말하셨다. '이게 이석원의 문장이라고. 이렇게 쭉 쓰면 될 것 같다'고. 바로 그 말씀 덕에 나는 계속해서 이 책의 글을 써나갈 수 있었다.

못한 채 경주에 도착했다. 아쉬움 속에 도착한 경주는 조용하고 정갈했다. 수학여행 온 아이들이 아무리 재잘거려도 마치 온 도시가 눈으로 뒤덮여 있는 듯 조용했다.

사랑이 무엇인지, 마음은 왜 변하는지 나는 여전히 모른다. 그렇지만 그때 그 오징어잡이배들을 보여주지 못한 것이 아직까지도 아쉬운 것을 보면, 마음이란 것이 그렇게 쉽사리 소멸하는 것만은 아닌 것 같다는 생각이 든다.

우리는 그로부터 6년 뒤 헤어졌다.◗

◗　　　당시 아내하고는 이혼 직후에 마지막으로 본 뒤 지금껏 단 한 번도 연락을 하거나 만난 적이 없다. 어떻게 사는지 소식을 들은 적도 없다. 이게 우리 두 사람에게 좋은 일인지 안 좋은 일인지 나는 아직도 가끔 생각한다.

어떤 여행의 기억은 환상처럼 남아서 다시는 재현될 수 없는 추억인 양 박제된다. 그 유난하고도 애틋했던 기억을 잊지 못해 가끔씩 경주의 힐튼 호텔을 찾아 며칠씩 묵어보기도 했지만, 당연하게도 그때 느꼈던 감흥은 조금도 다시 느낄 수 없었다.

사 랑 했 던 사 람

누군가 이런 말을 해주었다.

"사람은, 전생에 자신이 가장 사랑했던 사람의 얼굴로 다시
태어난대요. 전경린이 그랬어요. 나는 누구를 사랑해서 지
금의 내 얼굴이 되었나. 당신은 또 누구를 사랑해서 당신의
얼굴이 되었을까."

내가 전생에 이 얼굴을 사랑했다고?
이 얼굴을…?
믿기지가 않는다.

이 얼굴을 가지고 자부심을 가지기보다는 차라리 죄책감을 느끼는 편이 훨씬 양심적이라고 나도 생각한다. 문제는 내가 내 얼굴에 대해 이런 태도를 취하면 취할수록, 그런 나를 사랑했던 사람들의 입장은 뭐가 되는지에 대한 마땅한 답이 떠오르지 않는다는 거다.

하여간에 이제나저제나 나는 외모에 대한 고민이 많은 편인데, 언젠가 무대에 올라야 했던 날이었다. 그날따라 거울에 비친 내 모습이 유난히 더 마음에 들지 않아 괴로워하고 있는데 그런 내게 누군가 이런 말을 해주는 것이 아닌가.

이 세상에 누구도 외모 때문에 당신을 좋아하는 사람은 없을 거예요. 그러니 너무 그렇게 속상해하지 마세요.

어떤 말은 시간이 아무리 흘러도 여전히 유효해서 고마운 것들이 있다.

꿈

언젠가 본 MBC〈무릎팍도사〉에 배우 황정민이 나왔을 때였다. 평소 그를 좋아했기 때문에 관심 있게 보고 있는데 인상적인 건 꿈에 관한 두 사람의 대화였다.

황정민은 어렸을 때부터 연기에 대한 열정이 너무 강해 그 어린 나이에 직접 극단을 차릴 정도였다고 한다. 강호동이 대단하다고 치하하자 황정민은 별것 아니라는 듯이 누구나 하고 싶은 건 있는 법이니까, 라고 대답했다. 그때 강호동이 말했다.

"그럼, 하고 싶은 게 없는 사람은 어떡하지요?"
나는 무릎을 쳤다. 그래, 저게 진짜 얘기다. 나도 꿈 같은 건 없던 청소년이었으니까.
하지만 황정민은 거듭 주장했다. '그렇지 않다'고. '누구나

하고 싶은 게 있는 법'이라고. 그러자 강호동은 자신의 이
야기를 했다. 자기는 어렸을 때 하고 싶은 게 없었다고. 다
만 부모의 권유로 운동을 시작했을 뿐이라고.

꿈에 관한 둘의 이야기가 어떤 결론을 맺었는지는 기억이
나지 않는다. 다만 난 꿈이라는 게 누구에게나 쉽게 주어지
는 것은 아니라고 생각한다. 오히려 내가 알기로는 꿈이 없
어서 고민하고, 꿈을 찾으려 애쓰는 사람들이 훨씬 더 많
다. 그래서 학교 다닐 때 내가 가졌던 의문도 학교라는 곳
은 왜 꿈과 재능이 있는 사람만을 위한 곳일까, 하는 점이
었다. 꿈도 재능도 없는 평범한 아이들도 살아갈 방편을 가
르쳐주어야 하는 것 아닐까?

나도 그런 아이 중 하나였다. 무엇이 되고 싶다거나 뭘 해
보고 싶은 게 도무지 없어서 늘 괴로웠고, 또 나만 그렇다
고 생각해 자책했다. 난 스스로를 아메바처럼 여겼다. 내가
했던 일이라곤 버스를 타고 몇 시간 동안이나 할일 없이 시
내를 돌다가 종로에 내려 교보문고로 가서는 할일도 살 책
도 없으면서 밍기적거리다 오는 것이 전부였다. 이게 뭔가
얘기가 되려면 그때 그곳에서 엄청난 책을 독파하여 마침
내 꿈을 실현했네, 교보문고는 내 꿈의 자양분 어쩌구… 뭐
이래야 되겠지만 미안하게도 그런 것은 전혀 없다. 그곳은

내게 그저 비바람과 햇볕을 피할 수 있도록 해준 나무 그늘에 불과했으니까. 물론 소중했지만.❶

돌이켜보면 나는 선생님들이 '누구나 한 가지씩은 잘하는 게 있다' '누구에게나 꿈은 있기 마련이다' 등등의 사기를 안 쳤으면 어땠을까 생각한다. 그랬으면 '왜 난 꿈이 없을까?' 이런 고민 하지 않아도 됐을 텐데.❶

"너는 커서 뭐가 될래?"
만약 지금 내게 누가 다시 묻는다면 이렇게 대답하겠다.

"살다보면 생기겠죠. 끝까지 안 생길 수도 있겠지만."

내 나이 서른여덟.
나는 아직도 생의 의미를 명확하게 발견하지 못했다. 그래서 무엇을 하며 살 것인가, 어떻게 살아야 하는가를 여전히 고민한다.❶ 다만 분명한 건 누구나 배우가 되고 감독이 되고 싶어하는 건 아니라는 것이다. 누구나 배우나 감독이 될 자질이 있는 것은 더더욱 아니고. 그러니 남은 생을 사는 동안, 내가 그저 관객의 안온한 자리를 지키며 살아간다 한들 꿈이 없다 뭐라 할 수 있을까.

◑　소중하다. 많이. 여전히.

◐　놀랍게도 어른이 된 지금의 나 역시 사람들을 상대로 이런 사기를, 그러니까 상대가 나보다 젊은 사람들일수록 더, 진심이 아닌 말들을 해야만 할 때가 있다. 선생님들도 꼭 그것이 진실이라 믿어서 그런 말씀을 하셨던 건 아니었던 것이다.

◑　이후 쉰이 훌쩍 넘도록 명확한 생의 의미나 하고 싶은 것들을 결국 찾지 못했다. 꽤 긴 세월 나는 왜 그런—하고 싶은 일—게 없는지 심각하게 고민하고 열렬히 찾아 헤매기도 했지만 끝내 찾아지지 않았다. 이를테면 화가에게 그림 같고 야구선수에게 야구 같은, 그게 없으면 나는 살 수 없다 하는 정도의 일 말이다.

지금은 그저 꿈이나 하고 싶은 것 없이도 삶은 흘러가고 그렇다고 그 시간들을 무의미하다고 말할 수는 없다는 것, 정도를 알게 되었을 뿐. 어쩌면 나는 꿈 같은 것 없이도 살아가는 방법을 터득해가고 있는 중인지도 모른다.

청소년들이여, 꿈이 없다고 고민하지 마라.

그럼 관객이 되면 되니까.

그뿐이다.❶

❶　　　　이 부분을 쓸 때 너무 많은 고민을 했다. 이게 진짜 내 진심일까? 나는 객석에 앉아 평생 관객으로서 남들이 꾸미는 무대를 그저 바라만 보면서 온전히 만족하며 살아갈 수 있는 종류의 사람일까? 하고 스스로 물었을 때 선뜻 대답을 할 수 없었기 때문에.

작가란 무엇일까. 남들 보라고 글을 쓰다보면 정말 내 솔직한 심경을 써야 할지 독자를 위해 본심과는 다른 말을 해주어야 할지 고민하게 되는 것. 그게 적어도 책을 내는 사람, 특히 나같이 대중적인 에세이스트들의 숙명이라고 생각한다.

내 시 경

올해 어머니의 칠순을 맞이하는 나의 마음은 애달프다. 내가 보기엔 아직은 그저 나이가 좀 많은 아줌마에 불과한 우리 어머니는 남들에게는 진작 할머니로 보였을 것이다. 어렸을 적, 엄마가 내 고통의 전부일 때가 있었다. 언제나 나의 모든 것을 통제하고, 억압하고 두려움을 주던 엄마 때문에 나는 마음속으로 엄마만 없다면 엄마만 없다면… 하고 얼마나 되뇌었는지 모른다. 그런 어머니가 이제 정말로 인생의 황혼길에 접어든 노인이 되셨다.

얼마 전 일이다. 속이 좋지 않은데도 불구하고 무서워서 내시경 검사를 미루고 있던 어느 날. 어머니가 위내시경을 받으러 간다는 것이다. 아버지도 안 계신데 혼자 가신다고 해서 검사 당일 내내 마음에 걸렸지만 워낙 바쁜 탓에 전화만

드리고 말았다.

"엄마 검사 받았어?"
"응."
"수면내시경으로 했지?"
"아니 그냥 일반으로 했어."
"아니 왜?"
"돈이 얼마냐. 그냥 받으면 돼."

이해할 수가 없었다. 돈 몇만 원 때문에 그 힘든 내시경을 수면으로 안 받고 맨정신으로 받았다니. 그후 시간이 지나나 또한 도저히 더이상은 버틸 재간이 없어 일원동에 있는 삼성병원으로 내시경 검사를 받으러 가게 되었다. 엄마가 검사를 받았던 곳과 같은 병원이었다.

떨리는 마음으로 예약을 하고 진료를 받으러 가는 날. 우리 집이 있는 정릉에서 일원동까지 가는 길은 멀었고 쓸쓸했다. 정문에 도착하니 내가 가야 할 소화기내과는 병원 내에서도 가장 끝에 있는 '암 센터' 건물에 있었다. 왜 하필 건물 이름을 '암'센터라고 지었을까. 어쩐지 기분이 꺼림칙했다. 워낙 소문난 병원이라서 그런지 아침부터 주차하려는 차들로 만원이었다. 한 시간이나 달려왔는데 다시 주차하는 데만도 20분이 걸렸다. 주차를 하고 접수를 한 후 대기실에서 기다리는데 사방을 둘러보니 병원 어디에도 혼자 온 사람은 나뿐이었다. 문득 엄마 생각이 났다. 홀로 이 먼 길을 와서 '암 센터'라는 건물 이름에 섬뜩해하고, 대기실에서 혼자 쓸쓸히 차례를 기다리는 이 과정을 엄마는 혼자서 감당했을 것이다. 나는 젊어 괜찮지만 자식이 넷이나 있고 남편까지 있는 엄마가 혼자서 그 고통스러운 내시경 검사를 받으러 온 것을 생각하면 마음이 편치 않았다. 그날 난 집에 와서 다시 한번 엄마에게 물었다.

"엄마 도대체 내시경을 왜 일반으로 받은 거야. 정말 돈 때문에 그랬어?"

엄마는 계속 됐다고 하시며 단지 나의 검사 날짜만을 물어보셨다. 그러나 나는 그날 병원에 가서야 알았다. 그 병원에서는 보호자가 오지 않으면 수면내시경을 받을 수 없다는 것을.

언제부턴가 나는 엄마의 상전이 되었다. 아들을 자신이 원하는 무엇인가로 길러내려 억압하고 채근하던 엄마는 이제 행여 자식 일에 지장을 줄까봐 노심초사하는 늙은 어머니가 되어 있었다. 늘 뭔가를 시키던 입장에서 이제는 그 어떤 작은 부탁을 하는 것도 그렇게 어려워하는 분이 되셨다. 자식들에게 조금이라도 짐이 되는 것을 싫어하시기 때문에 엄마는 나에게 혹은 누나들에게 같이 병원에 가달라는 말을 하기가 부담스러웠던 거다. 그러면서 엄마는 내가 병원에 다녀온 날, 내 검사일을 꼼꼼히 적어놓으셨다.

검사 당일. 민망하게도 엄마가 동행해주었다. 나는 엄마의 보호자 구실을 해드리지도 못했는데 나이 마흔이 되어가는 아들은 늙은 어머니의 에스코트를 받고 있었다. 대기석에 나란히 앉아 이 얘기 저 얘기 하며 기다리고 있으니 곧 전광판에 '이석원 환자 검사실로 들어오라'는 문구가 떴다. 그런데 내가 들어가려고 하자 엄마는 자기도 같이 들어가야 하는 거라며 따라나섰다. 내가 그럴 리가 있냐고 했더니 엄마는 아니라고, 당연히 보호자가 같이 들어가야 하는 것 아니겠냐며 함께 들어가는데 입구에서 간호사들이 제지하였다.

"보호자는 밖에서 대기하시면 됩니다."
나는 또 한번 고개를 떨굴 수밖에 없었다. 당연히, 엄마는 보호자 없이 왔었기 때문에 그런 사실을 알지 못했던 것이다. 검사실에 들어서는 나를 엄마는 문가에 서서 애처롭게 바라보고 있었다.

수면내시경 검사는… 정말로 고통이 조금도 없었다. 간호사들의 지시에 따라 옆으로 누운 채 심장이 쿵쾅거리는 것도 잠시, '자, 주사 들어갑니다'라는 말과 함께 순식간에 정신을 잃었다가 깨어나보니 엄마 옆이었다. 모든 것이 순식간이었고 고통은 기억 속에 조금도 존재하지 않았다. 약기운으로 여전히 정신이 어질어질한데 엄마가 이것저것 꼼꼼히 챙겨주고 보살펴주신다. 엄마 곁에서, 나는 마치 아이 같았다.

나이 마흔이 다 되어가는 다 큰 아들은 그렇게 칠순 노모의 보살핌을 받으며 집으로 돌아왔다. 나는 아직도 어른이 아니었고, 그저 내가 할 수 있는 건 엄마에게 다음부터 다시는 병원에 혼자 가지 마시라 당부하는 것뿐이었다. 그 말을 건네는 나의 입이 부끄러웠다.

책이 출간되고 15년이란 세월이 흘렀으니 엄마도 나도 정확히 흐른 세월만큼 나이를 먹었다. 칠순의 초보 노인이었던 엄마는 어느새 올해로 여든여섯의 고령이 되어, 여전히 세상을 향한 호기심은 수그러들지 않았지만 기력은 정말 많이 쇠하셨다. 하루에 책 한 권을 다 읽어낼 만큼 속독가이자 동시에 다독가이기도 한 엄마는 이제 책 한 권을 손에 쥐고 읽을 힘이 없어 책을 조각조각 찢어 여러 권으로 만들어서야 겨우 읽으신다. 그런 엄마를 볼 때마다 어찌나 안쓰럽고 안타까운지. 왜 사람은 늙으면 눈매가 그리도 볼품없이 쪼글쪼글해지는 것일까.

나는 사람은 다 자기가 뿌린 대로 거두고, 살아온 대로 대가를 치르기 마련이라는 인과응보의 법칙을 정확히 엄마한테서 배웠다. 내가 이 책이 나오던 서른아홉 살서부터 지금에 이르기까지 15년 넘게 부모님 두 분의 생활비를 대고 살 집을 마련해드리느라 때로는 피가 마르는 심적 고통에 시달린 것도 다 젊어서 갖고 싶은 것을 갖고, 때로는 부잣집 아들 행세를 하기 위해 엄마 몰래 당신의 지갑을 열고 금고를 턴 대가였을 것이다. 뿐인가. 이 글에서처럼 엄마는 혼자서 병원에 다니시게 해놓고, 정작 나는 엄마를 보호자로서 대동하던 불효를 범한 죄로 이제 오십이 넘은 나는 늙고 병든 엄마 아빠를 돌보는 일에 지쳐 어떨 때는 가슴을 부여잡고 울며 괴로워하는 지경에 이르렀으니, 이 정도면 인과응보의 법칙을 넘치도록 경험하고 있다고 봐도 좋지 않을까. ('아니, 그 정도로는 아직 멀었다'고 누군가 내게 귀띔한다 해도 물론 반대할 마음은 없다.)

15년 전 이 책이 나왔을 때, 엄마는 아들이 쓴 책을 읽다가 놀라 가슴이 뛰었다. 비록 오래전 일이라고는 하나 당신이 배 아파 낳은 자식이 고백하길, 자기를 낳아준 엄마가 이 세상에서 사라져버리길 바랐다는 사실을 알게 되었기 때문이다. 놀란 엄마는 '내가 너한테 정말 이랬니?' 하시며 기억하지도 못하는 일을 가지고 자식에게 사과하셨다. 나는 결코 그런 사과를 받고자 책을 통해 엄마에 관한 아픈 기억을 털어놓은 것은 아니었으나, 분명 상처받은 기억이 있는데 그 상처를 준 사람은 정작 그 일을 기억조차 하지 못하는 현실이 기이하게만 여겨졌다. 그리고 고민 끝에 엄마를 용서했다. 그것은 엄마보다는 차라리 나 자신을 위한 선택이었는데 누군가를 그토록 오랫동안 원망한다는 건 그 누구보다도 우선 내 마음을 가장 크게 할퀴는 일이기 때문이었다.

편지

버림받았다는 것이 너무나 고통스러워, 나는 어떻게든 이모든 흔적들을 지워야만 했었다. 어느 날, 너에게 받은 편지를 휴지통에 모두 모아 넣고 불을 붙였었지. 이제나 저제나 난 참 상식이 없어서 그저 휴지통 안쪽에 알루미늄 포일을 두르기만 하면 별일이 없을 거라고 생각했었다. 불을 붙이고 얼마 동안은, 불은 얌전히 타들어갔어. 그러다 어느 순간 거대한 불길이 확 솟구쳤는데 또 조심성은 많아가지고 마침 갖다놓은 소화기로 서둘러 불을 껐다.

아마도 그때 그 편지들 아직도 다 타지 않았나봐.
여전히 이렇게 생각나는 걸 보면.

책에 넣은 줄도 모르고 살다가 오랜만에 예전에 써둔 글을 읽으니, 글에 담긴 내 모습이 내가 봐도 너무 나 같아서 헛웃음이 다 났다. 나는 내가 종종 무서울 때가 있는데, 가끔은 정말이지 상식 밖의 생각을 하고 행동을 할 때가 있기 때문이다. 2015년경에 약값 때문에 일본으로 돈 부칠 일이 있었는데 국제송금을 해본 적이 없는데다 달리 도움 청할 데도 없어 기껏 생각해낸 방법이 직접 돈을 들고 일본 히로시마로 향하는 비행기를 타는 것이었다. 이에 놀란 매니저가 페이팔로 대신 결제를 해줘서 실행하지는 못했지만….

그나마 다행인 점은 스스로를 잘 안다는 것이다. 특히 단점에 관해서는, 최소한 본인이 얼마나 머리가 좋지 않고 황당한 발상이 가능한 인간이라는 걸 잘 알고 있다보니, 그런 자신에 대해 대비하려는 습성 또한 몸에 배어 있다고 할까. 한 사람 안에 황당할 정도의 비상식성과 매사에 대비하려는 준비성이 공존하고 있어서 나름대로 서로를 보완해주고 있는 것이다. 뭐 그걸 자랑이랍시고 지금 이 글을 쓰고 있는 건 아니지만….

참. 그때 태우기 시작한 편지는 최소한 이 책이 나온 후에야 비로소 다 타버렸나보다. 지금은 누가 보낸 편지인지조차 기억나지 않는 걸 보면.

옛 길

아버지는 하급 공무원이셨다. 그런데 대인관계가 워낙 좋으셨던 데다 성북동이라는 부자동네에서 근무하시는 바람에 지인들은 모두 갑부급의 부자나 고관대작들이었다. 덕분에 가족모임이 있을 때면 남산의 하이야트 호텔에서 뷔페를 먹고, 프랑스 요리 전문식당에서 하는 계모임에 따라가고, 삼청동의 으리으리한 갈빗집 **대원각**◑에서 1년이면 두 번씩 공짜로 갈비를 뜯으며 어린 시절을 보냈다.

◑　　　　군사정권 시절 이른바 요정料亭으로 유명했던 대원
각은 경영난을 겪다가 80년대 초에 갈빗집으로 변신하게 된
다. 아마 내가 가족들과 함께 대원각을 드나들던 시기도 이때
가 아니었을지. 지금은 길상사라는 이름의 유명한 절이 되었
는데, 아마 종종 그곳을 찾는 이들이라면 길상사를 찾은 많은
사람들 틈에서 홀로 갈빗집의 흔적을 더듬는 한 남성을 발견
할 수 있을지도 모른다.

아버지가 그런 좋은 곳에 우리를 데려가실 때면, 지금도 잊을 수 없는 **차 넘버 5323을 단 포니 자동차**[●]에 우리 가족들을 태우고 늘 성북동 북악스카이웨이로 해서 가셨다. 커다랗고 아름다운 주택가 사이에 난 그 길은 봄이면 개나리와 벚꽃들이 무성하게 피어 달리는 것만으로도 기분이 싱그러워지는 곳이었고, 밤이면 서울의 야경이 쏟아내는 무수한 불빛이 내려다보이던 멋진 풍경을 지닌 길이었다.

"석원아, 저기 야경 좀 봐. 멋지지." 어머니는 당신도 들떠서 말씀하시곤 하셨다.

성북동에 관한 추억은 많다. 출입이 금지되어 있던 꿩의 바다 마을에 특별히 들어가 꿩 사냥을 구경하던 일, 수백 평짜리 윤 회장 아저씨네 집에 갔을 때 마당에 있던 몇십 마리의 개를 보고 충격을 받았던 일, 고래 등 같은 기와지붕이 있던 어떤 큰 집의 단장이 잘된 잔디밭 마당에서 갈비 파티를 벌이던 일 등등. 그렇게 성북동은 우리 가족에게 특별한 곳이었다. 아버지가 우릴 태우고 그런 성북동 길을 달릴 때면 누나들은 노랗고 하얀 원피스를 차려입고, **난 할아버지 칠순 잔치 때 받은 새 옷**[●]으로 모두들 중무장을 하고는 남산으로 혹은 평창동으로 가곤 했다.

110

◐　　　포니는 현대자동차에서 최초로 독자 생산된 우리나라 최초의 자가용 승용차였다. 때문에 포니는 당시 많은 이들에게 최초의 '내 차'이자 '우리집 차'인 경우가 많았고 내게도 역시 그러했다. 그 때문에 나는, 평생 많은 차와 인연을 맺었지만 이 차의 번호와 색깔만은 시간이 아무리 흘렀어도 잊으려야 잊을 수가 없는 것이다.

◑　　　흰색 반소매 라운드 셔츠였다. 흰 몸통에 포인트로 파란색 줄 세 개가 사선으로 그어져 있었던. 브랜드는 우산 모양 로고의 아널드 파머였는데 당시 일상복은 주로 어머니가 남대문시장에 나를 데리고 가서서 도매상인 척하며 사주셨기 때문에, 어떤 옷들은 단지 백화점에서 샀다는 이유만으로도 특별할 수 있었다.

나의 끊임없는 우스갯소리에 누나들이 싫증내지 않고 웃어
주던 좋았던 순간들.

초등학교 때. 난 항상 반 친구들을 집에 데려오기 좋아하는
아이였는데 **어느 날인가는 같은 반 남자아이들을 전부 데려
온 적도 있을 정도로**❶ 우리집에 대한 자부심이 강했다. 지
금과는 달리 성격도 활달해서 언제나 모든 일을 주도하였
고 앞장서길 좋아했다. 그러나 중학교에 올라가면서, 우리
집보다 더 큰 집에 사는 아이들이 너무나 많다는 사실을 알
게 되고 난 후 그때부터 늘 데려오던 친구들을 더이상 집에
데려오지 않게 되었다. 우리집이 반에서 제일 큰 집이라고
생각했던 당연한 믿음이 깨졌던 것이다.
내가 좀더 자라고 아버지가 성북동을 떠나실 즈음, 우리 가
족은 더는 하이야트 호텔이나 대원각 같은 곳은 가볼 수 없
게 되었고, 도로 확장으로 반 이상이 잘려나간 우리집은 더
없이 초라한 모습으로 마치 폐허처럼 그렇게 남게 되었다.

◑　　　당시 초등학교 한 학급의 인원이 65명쯤 됐고 그중 55% 정도가 남자아이들이었으니 물경 30명이 넘는 아이들을 집으로 데리고 온 것이었다. 이는 가족, 친구는 물론이요 누구든 집에 들이는 일을 끔찍이 싫어하게 된 지금의 나와는 퍽 대조되는 모습이기도 하다. 무엇이 그토록 활달했던 아이를 자라면서 안으로, 더욱 안으로 스며들게 한 것일까.

시간이 더 흘러 누나들이 시집을 가 모두 각자의 가정을 꾸리게 되면서부터는 가족모임의 양상도 달라졌다. 아버지가 온 식구들을 데리고 어딜 가는 것이 아니라 다들 각자 출발해 어딘가로 모여야 했던 것이다. 그렇게 함께 외출한다는 것이 불가능할 만큼 식구들이 불어났을 때, 난 새로운 식구들, 그러니까 나의 사랑스런 조카들이 마치 주인 행세하듯 뛰어다니고 재잘거리는 광경에 처음엔 적응하지 못했었다. **언제나 집안의 막내로서 우스갯소리를 도맡던 사람은 나였는데 이젠 웃어주어야 하는 어른이 되어버린 것이다.**[◐]

시간이 또다시 흐르고 내가 조금 더 어른이 되어 내 힘으로 돈을 벌고 내 자동차가 생기게 되었을 때 나의 출퇴근길은 항상 일정했다. 북악스카이웨이로 해서 성북동 길로 빠져 삼청동 쪽으로 나가는, 아버지가 어린 시절 늘 우리 가족을 태우고 다니셨던 그 길.[◑] 조금만 올라가면 곰의 집이 있고 팔각정과 대원각이 있던 바로 그 길이었다.

거리상으로 보자면 돌아가는 코스였지만 난 아무리 늦거나 피곤해도 언제나 그 길로만 다녔다. 그 길을 지날 때만큼은 잠시나마 어린 시절로 돌아갈 수 있는 유일한 순간이기 때문이었다.

◑   이런 줄 알았는데 조금 더 세월이 흐르고 보니 여전히 우리 가족들 중에서 유머를 담당하고 있는 건 나였다. 웃음에 관한 한 우리 가족은 세대교체에 실패한 것이다.

가끔 조카들이 어쩐지 내가 없을 때 더 활기 있게 대화하는 모습을 볼 때면 아이들이 내 웃기고자 하는 의지에 눌려 기를 펴지 못하고 있는 건 아닌지 걱정이 되기도 한다.

◑   그 길은 결국, 이제는 수십 년이 지난 지금까지도 여전히 내가 출퇴근 시에 오가는 평생의 코스가 되었다. 길을 따라 가다보면 사람들과 차들로 북적이는 성북동 빵공장 부근에 아버지의 지인이셨던 모 회장님의 집이 있는데, 얼마 전에 공사를 위한 흰 가림막이 집 담벼락 전체를 에워싸고 있는 모습을 보았다. 혹시 신변에 무슨 일이라도 있으신 걸까?

재작년 아버지의 칠순 때 아버지는 잔치를 거부하셨다. 자식 넷 중에 셋이나 이혼을 했으니 당신은 죄인이시라면서.° 그래서 잔치는 그만두고 조촐하게 가족끼리만 식사를 하기로 했는데 그때 내가 우겨서 간 곳이 삼청각이었다. 그곳은 대원각이 없어지고 사찰이 된 이후, 성북동에 남아 있는 거의 유일한 한식집이었다. 그곳에서 아버지의 칠순 잔치를 해드리던 날. 비가 부슬부슬 내리는 가운데 우리 가족들은 식사를 마치고 우산을 나눠 쓴 채 삼청각 안을 거닐며 그 옛날 그랬던 것처럼 성북동의 야경을 감상했다.

"야… 멋지다." 어머니가 실로 오랜만에 말씀하셨다.

나는 궁금했다. 식구들이 나만큼 감흥을 느끼고 있을지. 누나들도, 엄마 아빠도 예전 그때 우리가 이 길을 지나며 감탄하던 그 야경의 추억을 간직하고 있을지. 꽤 비쌌지만 그날의 비용은 모두 내가 냈다.♪

난 좋은 일이 있을 때면 언제나 하이야트 호텔의 테라스라는 식당을 찾는다. 하이야트는 어릴 적 우리 식구들이 유일하게 자주 찾던 호텔로, 푸른 집도 대원각도 없어진 지금 성북동 길과 더불어 내가 어린 시절을 추억할 수 있는 거의 유일한 장소다. 그래서 나는 좋아하는 사람들과 기념할 일

◐   이 상황은 여전히 유효해서, 우리 네 형제들 중 둘째 누나만은 아직도 결혼생활을 굳건히 이어가고 있다. 나는 이혼을 인생의 실패로 여기거나, 부모가 이혼한 집은 정상가족이 아니라는 생각 같은 건 조금도 없지만, 어쩐지 우리들 중 그나마 한 명이라도 계속해서 가족을 이루고 산다는 것이 든든하게 느껴질 때가 있다. 그런 점에서 매형과 누나에게 고마움을 느낄 때도 많고.

◑   참 신기하지. 옛 추억을 되새기던 순간이, 시간이 흐르자 그 자체로 또 하나의 새로운 추억이 되었다.
그리워하던 순간이 또 하나의 새로운 그리움으로 자리하게 된 것이다.

이 있을 때면 자주는 아니지만 하이야트 호텔에 가고 싶어 한다. 친구들은 돈이 어디서 나서 만날 이런 데 오냐고 난리를 치곤 하지만 내가 호텔에 드나들 형편이 되느냐 안 되느냐 하는 건 그리 중요한 문제가 아니다. 잠시라도 어린 시절로 돌아갈 수 있다면 나는 얼마가 됐든 지불할 용의가 있기 때문에.

얼마를 벌어야 그때 그 시절로 돌아갈 수 있을까. 아마도 나의 갈증은 채워질 수 없을 것이다. 제아무리 많은 돈을 번다 해도 그때로 돌아가기란 불가능할 테니까. 다만 나는 올해 어머니 칠순 때도, 성북동의 조금은 비싼 음식점에서 잔치를 해드릴 수 있을 만큼의 돈이 내게 있길 바란다. 변함없이 출퇴근길로 애용하고, 그곳에 서 있는 커다랗고 아름다운 집들을 보며 부모님과 함께 살게 되길 여전히 꿈꾸고, 어린 시절 누이들과 다녔던 추억을 아스라이 되새기는 그곳 성북동에서.

사람이 일평생 유년의 기억에 지배를 받는다는 사실은 불행일까 행복일까. 그리움에 젖어 돌아갈 수 없는 시절을 그리워한다는 것으로만 보면 불행일 것이고, 그리워할 대상이 있다는 것은 또한 행복일 것이다.◐

◑ 　　　어떤 글이 좋은 에세이인지는 마지막 문장에 의해 좌우된다는 말이 있다. (사실 내가 한 말이다.) 그런 의미에서 보면 나는 이 문장이 스스로 보아도 썩 괜찮게 느껴진다. 조금 민망한 얘기긴 하지만 프로로서 오래 글을 써온 작가들도 가끔은 '내가 이런 걸 어떻게 썼지?' 싶은 표현이나 문장들이 있는데 바로 이 부분을 읽으면서 난 그런 느낌을 받았다. 분명 내 손으로 쓴 글인데도 흡사 내가 아닌 다른 누군가가 써준 것처럼 유년 시절에 대한 한 사람의 평생에 걸친 그리움과 회고의 감정을 잘 드러내주고 있다고 할까.

그리고 내가 이처럼 내가 쓴 문장을 보면서 꼭 남이 써준 것 같은 기분을 느끼는 이유는, 요즘은 이런 표현이 좀처럼 나오지 않고 있기 때문이기도 하다. 아무래도 나이 탓인 걸까?

일설에 의하면 사람은 저마다 행복을 느끼는 능력이 다르다고 한다. 그리고 그 능력은 태어날 때부터 이미 결정되는 것이라고도 한다. 타고난다는 얘기다. 어떤 학자가 티브이에 나와 이런 주장을 펴는 광경을 처음 보았을 때 나는 그가 무슨 말을 하고 있는지 너무 잘 알 것 같았다. 어린 내가 바로 그런 아이였기 때문에.

유년 시절, 나는 행복을 감지하는 촉수가 무척이나 예민해서 행복하다 자각하는 순간이 많았고 오죽하면 행복을 느끼는 순간이 그 자체로 또 너무 행복해서 어쩔 줄을 몰라 하던 아이였다. 한번은 해가 지면 각자의 집으로 저녁을 먹으러 흩어져야 했던 동네 친구들이 반상회 때문에 우리집에 모일 일이 있었다. 그때 나는 친구들과 매일 헤어져야 했던 저녁시간에, 그것도 내 집에서 함께 있는 순간이 벅찰 만큼 행복해서 전혀 교인이 아니었음에도 아이들에게 순간적으로 이런 제안을 한 적이 있다.

"얘들아 우리 손잡고 빙 둘러앉아서 하느님께 지금 이 순간이 얼마나 감사한지 기도드리자."

갑자기 손잡고 기도를 드리자는 나의 돌발적인 제안이 쑥스러웠는지 호응하는 친구들은 없었지만, 그렇게 남들보다 몇 배는 더 행복한 유년 시절을 보낸 아이였으니 어른이 되어서의 삶이 기대만큼 만족스럽기는 어려웠을 것이다. 오죽하면 성인이 되어 마주한 현실에 실망해 '이런 게 내가 어릴 적 상상하던 어른의 삶일 리 없다'며 '지금 내가 목도하고 있는 이 세상은 결코 진짜 현실이 아닐 것'이라는 철석같은 믿음을 갖기에 이르렀을까.

(나의 이런 믿음은 꽤나 확고해서 언젠가 두번째 앨범을 만들 때 '우리가 살고 있는 이 세상이 실은 진짜가 아니'라는 내 상상에 기초해 작품을 만들려고 한 적도 있다. 하필 유사한 내용의 〈트루먼 쇼〉라는 영화가 발표되는 바람에 뜻을 이루지는 못했지만.)

인생의 법칙

며칠 전 면허시험 볼 때 다들 말리는 당일치기로 접수를 해놓고 급한 맘에 야매로 교습해주는 사람한테 돈 3만 원을 주고 코스를 도는데 그 야매인생을 사는 사람조차 인생의 법칙을 명확히 알더라는 것 아닙니까.

"모든 것이 운입니다. 운이 중요해요. 당신이 어떤 경관을 만나느냐, 깐깐한 사람인가 아닌가, 당신의 코스가 쉬운 A 코스로 될 것인가, 복잡한 B 코스로 될 것인가, 출퇴근 시간이라 차들이 많아지는가, 아닌가… 이 모든 것들이 운이죠. 그게 중요한 겁니다."

나는 운명론자다. 내가 운명론자가 된 이유는 '운명'이라는 게 얼마나 사람의 인생에 강하게 개입하는지를 내 눈으로 수없이 목격한 결과다. 면허시험을 앞두고 제아무리 운전 연습을 열심히 한다고 해서 쉬운 코스를 골라잡을 수 있거나 하필 주행중에 도로에 뛰어드는 자전거를 막을 수는 없는 것처럼 말이다.

다만 내가 작가로서 운의 중요성을 강조하는 이유는 현실이 이러니 알고들 사시오, 하는 충고의 의미는 아니다. 누구든 하던 일이 잘되지 않아 소위 말하는 실패라는 딱지를 부여받게 될 때, 본인 탓을 조금은 덜하며 살았으면 하는 마음에서랄까.

위 로

극심한 분열로 인해 내내 괴로워하던 중,
내일의 안부를 모니터 위 고양이에게 묻는 것으로…
마침내 작은 위로를 받았다.

"자고 일어나면 괜찮아질 거야."

마치 그렇게 말하는 것 같았다.

고양이도 해주는 위로를, 왜 사람은 못 해주는 걸까.

◗   사람도 물론 위로를 준다. 많진 않지만, 내게 다정하고 내게 따뜻하고, 늘 내 편이 되어주는 사람들이 위로가 아닐 수는 없다. 그렇지만 사람이 받는 상처와 스트레스 역시 대부분 사람에게서 비롯되기 때문에, 그 모든 걸 더하기 빼기로 계산했을 때 나오는 값에 따르면, 결국 사람이 위로의 답이라고 말하기는 어렵다.

해 바 라 기

그러니까 어렸을 때는 '후두둑' 창문을 때리며 내리는 빗소리만 들어도 내 가슴은 너무나 뜨겁게 반응했다. **그럴 때면 난 해바라기의 〈저 빗속으로〉를 틀어놓고 반복해서 들으며 종로 세운상가 앞길을 비를 맞으면서 뛰고 또 뛰었지.**[●] 뛰다가 비를 피해 모여든 사람들 틈을 헤치고 버스정류장에 들어서면, **교복을 입은 여중생이,**[●] 그러니까 여주인공이겠지. **나를 의식하며 서 있는 거야.**[●]

우리는 모르는 남남인데 아직 사귀지도 않았고 아무 일도 생기지 않았는데도 우린, 이미 사귈 거 다 사귀고 벌써 가슴 아픈 이별이라도 한 것처럼 괜히 아프고 마음은 들뜨고 그랬어.

그게 단지 집에 가만히 있다가 비 한 줄기 내렸다고 내 마음속 내 머릿속에서 벌어진 일이야.

◑   문장에서, 비가 와서 좋아하는 곡을 틀어놓고 반복해서 듣는 것은 현실이요, 비를 맞으면서 종로 세운상가 앞길을 달린 것은 그 곡을 들으면서 했던 상상이다. 혹시 의미를 달리 받아들이는 독자들이 있을까봐 첨언한다.

또한, 여기서의 '해바라기'는 남성 2인조로 구성된 우리나라 그룹의 이름이다. 어려서 많이 좋아했었다.

◑   상상이었기 때문에 얼굴이 명확히 보이진 않았지만 머리만은 분명 짧았던 것으로 기억한다. 이제는 연애 시장에서도 한참을 주변부로 밀려난 한 명의 나이든 남자로서 얘기하기 조금 부끄럽긴 하지만, 짧은 머리에 대한 이 변함없는 끌림이 도대체 어디에서 연유한 것인지, 정말이지 짐작할 길이 없다.

◑   누가 나를 의식한다고 의식하는 상황에 대해 생각해본다. 어렸을 때는 거리를 걷다보면 마주 오는 많은 사람들이 나를 쳐다보거나 최소한 의식한다고 믿던 시절이 있었다. 어렸기에 가능한 망상이었겠지. 하지만 지금은 이 지구상에 단 한 사람도 그런 식의 시선을 내게 줄 리 없다고 믿고 있으니, 이 책을 편집한 편집자 선생님의 말마따나 나는 왜 중간이 없는 것일까.

그 일은 비가 올 때마다 반복해서 벌어졌지.

그런데 지금은 어떠니? 비가 오면 어떠냐구?

'아, 비는 왜 오고 지랄이야' 하겠지. 그래도 아직 한여름에 내리는 소나기는 좋아해. 소나기는 정말로 운치와 재치가 있거든. 짧고 굵게 낭만적으로 쫙 한번 내려주고 바로 해가 뜨니 말이야.[●]

비뿐만이 아니야. 어렸을 때는 지금의 어른들처럼 마치 세계여행이라도 다녀오지 않으면 감성의 충족이 안 되는 것인 양 초조해할 일이 없었다.

토요일 학교에서 돌아와 낮에 해주는 외화시리즈 한 편만 봐도 120분 동안 〈인디아나 존스〉 한 편은 본 것 같은 만족이 있었어. 날씨, 뉴스, 집에 찾아온 손님, 학교에서 벌어진 작은 사건, 동네에서 벌어진 일, 친구가 이사를 가고 전학을 오고, 마당 평상에 누워 새까만 밤하늘에 눈부시게 많았던 별들을 보며 환상적인 기분 속에 잠이 들곤 했던 모든 일들[●]이 아마도 어른이 돼서 뉴욕을 다녀왔네, 스페인에 가서 본토 상그리아를 먹고 왔네 하는 것보다 훨씬 진한 느낌이었다는 것을 부정할 사람은 별로 없을 거야.

◑ 　가끔 인간은, 조물주가 자기 집 베란다에서 기르는 식물의 일종이 아닐까 상상해보곤 한다. 그러니 날씨에 따라 기분까지 이렇게 영향을 받는 것 아니겠는가?

어느 여름날 집으로 돌아오는 길에 불현듯 마주치는 짧은 소나기는 왜 그리 청량한 한 모금 사이다 같으며, 추적추적 내리는 겨울비는 구멍난 낡은 양말처럼 어쩜 그리 사람 기분을 볼품없이 만들어버리는지. 나는 사람의 기분이 날씨에 따라 좌우된다는 사실이 반갑다. 그럴 때면 나도 이 커다란 세상의 일부라는 걸 어쩐지 확인받는 것만 같아서.

◑ 　사소해서, 너무 사소해서 더욱 소중했던 내 어릴 적 일상들.

어렸을 땐 참 그렇게 뭐든지 컸고 진했다.

우리집 마당 화단엔 할머니가 가꾸던 갖은 꽃들과 채소들이 있었지. 내 얼굴만큼 큰 해바라기도 몇 그루나 있었어. 그런데 지금 내가 사는 집에는 마루에 엄마가 기르는 화분들이 좀 있고 내 방 컴퓨터 옆에 전자파를 막아준다는 화초가 한두 녀석 있긴 하지만 아무 느낌이 없어. 왜 어렸을 때 혼자서 화단 근처에서 놀다 큰 벌이 앵앵거리며 다가오면 무서워 잽싸게 신발로 잡아 빙빙 돌려서 기절시킨 다음, 바라보던 그 해바라기.
"나 잘했지?"하고 바라볼 수 있던 그 해바라기가 지금은 없어.

그러니까 이렇게 책을 읽고 영화를 보고 사람을 만나고 일에 몰두도 해보고 여행도 꿈꾸고 하지만, 아무리 해도 해바라기는 다시 생길 수 없는 거지. 이미 어른이 되어버렸으니까.

그래서 나는, 나이를 먹으면서 꽃과 나무를 비롯한 세상의 모든 고정된 풍경들이 이렇게나 좋아지는 이유도 그저 나이 때문이라고만 생각했었다. 나이가 드니까 젊고 화려하고 역동적인 것보다 좀 수수하고 덜 동적인 것들에 끌리게 된 것뿐이라고만 짐작했던 거다.

하지만 이 글을 읽으면서 오랫동안 잊고 지내던 기억 하나를 되살려내곤 알 수 있었다. 내가 지금처럼 봄날 고궁에 흐드러지게 핀 벚꽃을 보며 남들보다 몇 배는 더 감탄하고, 어디든 꽃과 나무가 있는 곳이면 그렇게나 마음이 편해지다못해 황홀해지기까지 하는 이유를. 그건 바로 돌아가신 할머니 덕분이었다. 어릴 적 할머니가 정성껏 가꾸신 화단에서 온갖 꽃을 보고 만지고 헤집던 그 추억이 내 안 깊은 곳 어딘가에 마치 지울 수 없는 인장처럼 새겨진 덕분에, 나는 이렇게 최소한 풍경이나마 사랑할 줄 아는 어른으로 자랄 수 있었던 것 아닐까.

친구

잘 생각해보세요.
내가 듣기 좋은 말만 하거나 당신에 대해 어떤 반대도 하지
않았다면 난 당신을 정말로 좋아하는 것은 아니에요. 친하
다고 생각하지 않는 거죠. 솔직하다는 말을 많이 듣는 편이
지만 정확히 말하면 난 나에 대해서만 솔직해요.

잘 생각해보세요.
우리가 싸운 적이 있거나 내가 한 말 때문에 당신이 열받은
적이 있었는지. 그런 적이 있다면 우린 친구예요.

좋아해서 그런 겁니다.

안 지 오래된 한 친구가 있다. 그런데 무슨 이유에선지 우리는 어떠한 경우에도 결코 서로의 선을 넘지 않는다. 마치 약속이라도 한 듯 수십 년의 세월이 흐르는 동안 보통의 남자 친구들끼리 그러는 것처럼 농담조라도 면박을 주거나 이놈 저놈 하며 스스럼없이 욕을 건네본 적도 없다. 여기까지 얘기를 하면 인연이 오래되었어도 서로 말을 놓지 않으며 신뢰관계를 유지하는 경우를 퍼뜩 떠올리기 쉽겠지만 우린 그런 경우도 아니다. 존중을 해서 선을 안 넘는 게 아니라 서로 건드리면 다친다는 걸 알기에 조심하는 쪽에 더 가깝기 때문에.

서로의 '결코 간단치 않은 성격'을 알아서일까. 나는 가끔씩 그 친구를 생각하면, 나이를 먹으면서 점점 더 좁아지는 인연의 틀 속에서도 여전히 관계를 이어가고 있는 우리가, 누구보다 서로를 잘 알고 가까우면서도 어째서 그 마지막 선을 넘지 못하는 것인지 못내 답답할 때가 있다. 또 여기까지 얘기를 하면 누군가는 바로 그래서 관계가 오래가는 것 아니겠냐며 (내 입장에선 섣부를 수도 있는) 추측을 할 수도 있겠지만 글쎄, 내 생각은 다르다. 우리는 이 나이가 되어서도 서로를 살피고 (마치 적진을 염탐하듯) 가끔은 경쟁심도 느끼고 (그래서 완벽하게 솔직하지 못하고) 고백하건대 서로의 약점과 비밀을 지켜줄 수 있는 종류의 친구 사이도 아니기 때문에.

그렇다고 우리가 친하지 않은가? 서로를 걱정하고 위하는 마음이 없는가? 하면 또 그건 아니라는 점에서 모름지기 삶은 단순하지 않다는 사실을 다시 한번 배운다.

무슨 말을 하고 싶은가 하면 우정이란 오로지 선의로만 채워진 완벽한 관계는 아니며, 그 안에 다른 답답하고 때로는 불순한 것들이 섞여 있다고 해서 친구가 아닌 것은 아니라는 것.

오랜만에 이 글을 읽으면서, 꼭 글에 있는 것처럼 지금껏 표나게 싸우거나 선의로라도 열받게 할 만한 말은 건넨 적 없는 친구가 생각나 한마디 적어보았다.

나는 오늘도
느리게 달린다

도로에서 가장 느리게 달리는 차는 항상 나다.
그래서 내 뒤에 오는 차들은 거의 어김없이
클랙슨◐을 누르며 답답해하다가 쌩, 하고 추월을 하곤
한다.

'너네는 좋겠다. 그렇게 급한 일, 중요한 일, 가치 있는 일이
있어서. 그렇게 미친 듯이 가야 할 곳이 있어서.'

오늘도 나는 가장 느리게 달린다.

◐　　　나는 말하듯이 글을 쓰기 때문에, 이렇게 실생활에서 한 번도 써보지 않은 발음으로 내 글이 표기되는 상황을 받아들이고 견뎌야 하는 일이 괴롭다. 본래 글을 쓰는 사람으로서는 특이할 정도로 맞춤법이나 띄어쓰기 등에 관심이 없기는 하다. 물론 현실을 제대로 반영 못하는 우리나라 맞춤법과 표기법 등의 불합리한 점에 공감하는 바도 크고.

결국 글의 본질은 어디까지나 내용이라고 믿기 때문에 이런 규칙들을 왜 따라야 하는지 이해하지 못하는 시기가 있었으나 어느 순간부턴가 그런 태도는 조금 달라졌다. 결국 이 모든 것이 하나의 사회적 '약속'이라는 점에서 너무 많이 어겨서는 안 되겠다는 자각이 있었고 또한 내 책에 담긴 글들은 나 혼자만의 몫이 아니라 이 책의 교정교열을 책임지는 편집자의 몫이기도 하기 때문에, 너무 내 고집만 부리지는 않게 되었다.

다만 이 책에서도 어김없이 비슷한 상황이 벌어져서 어떤 건 편집자의 제안을 수용하기도 하고 어떤 건 양보를 바라고도 있는데, 특히 이번엔 '뒷담아'라는 표현이 문제다. 남의 뒷얘기를 한다는 뜻의 이 일본어식 속어를 대체하기 위해 '뒷담화'라는 일종의 신조어 사용을 권유받고 있지만 그게 꼭 인위적으로 만들어 낸 말처럼 부자연스럽게 느껴져 고민이랄까.

어느 해 어느 지방 소도시 한 도서관에서 독자들과 만나는 자리였다. 나름대로 준비해간 이야기를 마치고 독자들과 대화를 나누는 질의응답 시간이었다. 한 남성 독자가 사뭇 진지한 표정으로 손을 들더니 도로에서 너무 느리게 달리는 것도 다른 운전자들에겐 민폐가 될 수 있으니 작가님이 그러지는 않으셨으면 좋겠다고 충고 비슷한 말을 건네는 것이었다. 나는 웃으며 답했다. 그 정도 눈치는 있으니 너무 걱정 마세요. 사람들이 웃었고 질문하신 분도 웃었다. 남에게 폐 끼치는 일을 싫어하기 때문에, 굳이 부연하자면 폐가 되지 않는 선에서 가능한 한 느리게 달리는 편이라고 이해해주시면 좋겠습니다.

나는 속도에 대한 공포가 있다. 아래로 아래로 질주하는 스키는 그래서 타볼 생각조차 해본 적이 없고, 도로 위에서 인간의 한계에 도전하며 속도를 내는 일이 어째서 공포가 아닌 희열이 될 수 있는지도 이해하지 못하는 종류의 사람이다. 때문에 안 그래도 속력 내는 일에 관심이 없었는데, 살면서 딱 한 번 급한 일이 있어 밤길에 속력을 내다가 하필이면 바로 그때 모종의 사고를 겪을 뻔한 뒤로는 더더욱, 절대적 안전운전과 방어운전의 신봉자가 되었다. 내게 운전은 결코 스릴이 아니다.

그 대

활짝 핀 꽃 앞에

남은 운명이

시드는 것밖엔 없다 한들

그렇다고

피어나길 주저하겠는가.

원래 이 글은 '활짝 핀 꽃 앞에' 다음에 '놓인'이라는 피동사 격의 두 글자가 더 있었다. 즉 '활짝 핀 꽃 앞에 놓인 남은 운명이'가 이른바 오리지널이었던 것이다. 나는 책이 나오기 전 처음이 글을 쓸 때부터 활짝 핀 꽃이 장차 맞이할 비극적 운명을 표현하기 위해, '놓인'을 써야 할지 말아야 할지를 두고 원고를 쓰는 내내 고민했다. 어떤 날은 굳이 '놓인'이 없어도 꽃 앞에 정해진 미래가 기다리고 있다는 사실이 충분히 표현되고 있는 것 같아 뺐다가도, 다음 날 보면 '놓인'이 없이는 왠지 설명이 부족한 것만 같아서 괴로워 다시 넣기를 수없이 반복했다. 결국 나는 '놓인'이 있는 버전과 없는 버전 사이에서 끝내 결정을 짓지 못하고 갈팡질팡하다 초판 1쇄에 넣는 것으로 스스로와 합의를 보고 말았는데, 결정이 올바르지 못했는지 이 글을 볼 때마다 필요 없는 사족을 넣은 것만 같아 괴로운 마음이 가시지 않았다.

그렇게, 책을 내고 나서까지 '놓인의 덫'에서 빠져나오지 못하던 나는 책이 나온 지 4년이 지나서야 겨우 그 애증의 두 글자를 과감히 빼버리는 선택을 할 수 있었는데, 그제야 글이 군더더기 없이 완벽하게 완성된 느낌이 들어서 이후로는 다시 손대지 않았다.

애초에 이런 최종적이고도 불가역적인 결정을 책이 나오기 전에 내릴 수 있었더라면 좋았겠지만 내 경험에 의하면 어떤 애매한 문제들은, 그것이 실제로 세상에 공개되기 전에는 결코 제대로 된 판단을 할 수 없는 경우가 있다. 나로선 불가피한 일이라고밖엔 할 수 없는데 물론 그 불가피성은 작가로서 내 부족한 능력에 기인한 것임을 모르지는 않는다.

결혼

아침에 잠이 깨면 누운 채로 처음 드는 생각.

외롭다.

그럴 때면 반사적으로 '역시 결혼을 해야 하는 건가?' 하고
생각한다. 문제는 과연 결혼이란 걸 하면 외로움에서 해방
될 수 있는가 하는 점이다. 나는 결혼을 해봤기 때문에 싱
글들보다는 경험적인 면에서 다소 유리한 편이라 할 수 있
는데, 기억이 잘 나진 않지만 더듬거리며 그때의 감정들을
떠올려보면 그 결론이 그렇게 밝은 것은 아니다. 결혼생활
을 하는 동안 누군가 곁에 있어서 외롭지 않다고 느낀 적은
많지 않았던 것 같으니까. 사람이 외로워서 연애를 해봐도
여전히 외로운 것처럼 외롭지 않으려고 결혼을 한다면 그

것은 올바른 처방, 혹은 선택이 될 수 없을 확률이 높다.

결혼이라는 게 뭘까. 결혼이란 이를테면 영화는 평생 이 사람하고만 보겠다는 약속이다. 물론 지켜질 가능성은 희박하다. 또 결혼이란, 두 사람이 만나서 데이트를 한 후 각자 집으로 돌아가는 게 아니라 한집으로 들어가 여전히 함께 있는 것. 즉, 데이트를 한 이후에도 쭉 같이 있다가 나중엔 데이트 자체가 없어지는 것. 그게 바로 결혼이다.◐

◐　　　내 입으로 이런 말을 하려니 민망하지만, 결혼을 이보다 더 절묘하게 풀어낸 글을 난 아직까지 본 적이 없다. 앞으로 살면서 행여나 다시 결혼이 하고 싶어지는 위기가 찾아온다면, 반드시 이 글을 다시 읽어봐야겠다.

만약, 그래도 하고 싶다면? 그건 그때 가서 생각해보기로 한다.

98년에 결혼을 해서 2004년에 이혼했으니까 **나의 결혼생활은 6년 동안 지속된 셈이다.**◐ 헤어지고 처음 자유의 몸이 되었을 때는 해방감에 뼛속까지 시원할 지경이었지만 어느 정도 시간이 흐르고 나니 누구나 그렇듯 다시 결혼에 대한 유혹과 의무감에 시달리게 되었다. 이성과 경험은 다시 결혼해서는 안 된다고 매 순간 일러주지만 불행히도 나이를 먹어갈수록 그 결심은 흔들리게 된다. 그 어떤 생물학적 본능과 사회적 관습이 주는 압박감들, 흐르는 세월 등 많은 것들이 복병인 탓이다. 어느 잡지와 인터뷰를 했는데 이혼에 관한 이야기를 나누는 자리였다. 왜 이혼을 했는가를 말하려니 왜 결혼을 했는지부터 풀어가야 했고 결혼생활은 어땠는지 결혼이란 게 도대체 무엇인지까지 줄줄이 늘어놓아야 했다.

결혼이라는 게 정말 뭘까. 사랑과는 결코 동의어일 수 없는 두 글자 결혼. 결혼에 대한 나의 결론은 간단하다. 생물학적으로 말이 안 되는 행위라는 것이다.

◑   사람들은 내가 이혼은 했지만 결혼생활이 6년이었다고 말하면 대부분 '결혼을 가볍게 생각하거나 장난으로 했던 건 아니네'라는 식의 반응을 보였다. 중요한 건 그 6년을 어떤 상황에서 어떤 마음으로 보냈는가 하는 것일 텐데.

하지만 뭐, 다들 자기 문제를 해결하기만도 바쁜 세상에서 타인의 행위를 신속히 판단하는 데 6년이란 수치가 어떤 간편한 기준점이 되어준 것이라면, 그리 탓할 일은 아니지 않나 하는 생각도 든다. 우린 다들 너무 바빠서, 남의 문제를 판단하는 데 할애할 시간은 아주 조금밖엔 남아 있지 않으니까.

어떻게 한 사람하고만 평생 잘 수 있을까.

어떻게 한 사람하고만 평생 지낼 수 있을까.

어떻게 한 사람만을 평생 좋아할 수 있을까.°

이것은 감정과 기호, 또는 성적인 문제만을 이야기하는 것
이 아니다. 사람은 일대일만의 소통으로 만족하며 살아가
기란 근본적으로 힘든 존재임에도 불구하고, 이 결혼이란
제도는 오로지 한 사람하고만 소통하라고 강제한다. 맞든
맞지 않든, 죽을 때까지, 오직 한 사람하고만.

11년 전 청첩장을 돌릴 때, 이미 결혼을 한 선배들은 한 사
람도 축하를 해주지 않았다. 그들은 하나같이 의미심장한
미소를 지으며 결혼은 뭣 하려고 하냐는 둥 고생문이 훤하
다는 둥 축하가 아닌 위로의 말을 건넸다. 물론 나도 결혼
에 대해 희망이라든가 환상 같은 것 없이 각오를 하고 있었
기 때문에 짐작은 하고 있었지만 도대체 어느 정도이기에
저럴까 싶었다. 나중에 영화배우 한석규가 결혼을 앞두고
인터뷰를 하는데 나와 꼭 같은 말을 하더라. "청첩장을 돌
리는데 기혼자들에게선 축하를 받지 못했다"고.

◑   이게 불가능에 가깝게 어려운 일이라는 것을 알기
에 사람들은 기어이 이걸 해낸 커플들을 칭송하는 것 아닐까.
하지만 정말로 모든 것을 한 사람하고만 하는 게 보편적으로
가능한 세상이었다면 난 오히려 그 세상이 지금의 현실보다
덜 지옥일 것 같다. 아니, 그런 세상이야말로 바로 천국일지도.

나는 결혼을 왜 했을까. 결혼이란 것이 꼭 필요하고, 원하는 사람만 하게 되는 것은 아니다. 오히려 세상의 수많은 결혼들이 무책임하게, 호기심에서, 그저 남들 하니까, 원래 해야 하는 거니까, 나이가 됐으니까 혹은 그 밖에 별로 신중하지 못한 이유에서 행해진다. 또 아이가 생겨서, 내 사람이라고 도장 찍고 싶어서 등등. 나는 바로 마지막 이유에서 결혼을 감행했다. 내가 결혼과는 맞지 않는 성격의 소유자라는 것도 알고 결혼을 한다고 해서 도장을 찍을 수 없다는 것도 알았지만 그땐 그렇게 하는 것만이 내가 선택할 수 있는 가장 강력한 선언이었다.

'이 사람은 내 사람이다.'

나는 오직 그것을 위해 인생을 던졌다. 그리고 그 대가는 가혹했다. 사랑해서, 너무나 사랑해서 영원히 갖고 싶었지만 이 마음이 언젠간, 내가 생각했던 것보다도 빨리 사라질 것도 알고 있었고, 더구나 결혼은 사랑과는 그다지 상관이 없으며, 우리가 너무 어렸다는 것도, 지금 나의 선택이 무모하다는 것도 모두 알았었다. 하지만 인생에서는 어느 순간, 나도 나를 어찌할 수 없는 순간이 찾아올 때가 있는데 그때가 바로 그랬다.

우리는 사랑했다. 그래서 결혼했다. 하지만 슬프게도 서로를 갉아먹는 햄스터가 되었다. 모든 것은 짧았다. 신혼의 재미도, 로맨스도, 애틋함도. 옛날 사람들은 헤어지는 게 싫어서 죽을 때까지 함께 있고 싶어서 결혼을 했다는데 어째서 요즘 세상에서는 그 모든 것들의 유효기간이 이토록 짧아졌는가. 왜 함께 살게 되니까 오히려 떨어져 있고 싶고, 영원히 함께 살아야 한다는 사실은 그토록 아득한 짐이 되었나. 누구나 그렇듯 나의 결혼생활도 처음엔 조심스러운 발디딤으로 출발했다. 신혼 때는 소꿉장난 같은 행복도 느끼며 결혼이 꼭 어두운 것만은 아니구나, 하는 순진한 기대도 가져봤지만 그것도 잠시. 종내는 거부할 수 없는 일상에 치이고 서로에게 치이다 점점 극한으로 충돌하여 마침내 이혼을 선택, 헤어지고 말았다.

돌이켜보면 씁쓸한 것은 사람이 결혼하자고, 우리 같이 살자고 하는 마음이 아무리 간절해도 제발 헤어졌으면 하는 마음보다 강하지는 않다는 것이다. 하나가 되고 싶다고 눈이 멀어서 맹렬히 달려갔다가 나중에는 다시 혼자가 되고 싶어 더 무서운 속도로 돌아오는 것. 그게 사람의 이기심이란 것일까.

시간은 흘렀다. 사람은 망각의 동물이라고 했던가. 사랑과 결혼에 대해 부정적인 경험을 갖게 됐지만 시간이 지나면서 마음 한편엔 또다시 일말의 기대를 갖게 된다. '나는 못해도 누군가는 잘 사는 사람이 있겠지, 잘 찾아보면 잘 사는 사람들도 많겠지.' 그렇게 늘 다른 사람들 결혼생활의 지속 여부를 관심사로 두며 살아간다. 그러다가 행여 잘 지내다던 연예인 커플이 깨졌다는 기사라도 나는 날엔 어쩐지 나도 모르게 맥이 빠지곤 하는 것이다. '잘 좀 살지. 역시 안 되는 걸까….' 한 커플이 이혼한다는 소식을 들을 때마다 한 겹씩, 결혼에 대한 두려움의 두께는 깊어간다.

사실 혼자 산다고 해서 무슨 뾰족한 수가 있는 건 아니다. 로맨스는커녕 외로움에 찌들어야 하고 그로부터 탈출할 수 있는 기회는 나이가 들수록 적어진다. 게다가 아무도 없는 빈집에 들어설 때의 그 적막감. 하지만 조물주는 얄궂은 분임을 잊어서는 안 된다. 당신이 당신의 짝을 데려와 둘이 한집에 갇히는 순간, 그곳은 또다른 지옥으로 변할지도 모르니까. 누군가와 함께 산다는 것은 두려운 일이다. 그래서 나는 그 마음이 흔들릴 때마다 기도한다.

'신이여, 결혼하고 싶어질 만한 상대가 나타나지 않게 하소서. 이대로 혼자 살다가 늘그막에 동반자 같은 사람을 만나

150

만혼을 이루게 허락하소서. 부탁드리오니 제발 젊어 선불리 결혼하지 않게 하소서.'

명심하라. 결혼이란 당신의 문제를 해결해주는 열쇠가 아니다. 오히려 결혼은 당신에게 수많은 새로운 문제를 던져준다. 당신이 당신의 동반자와 기꺼이 그 문제를 풀 각오가 되어 있다면 그때 감행하라. 그 무섭다는 결혼을.

결혼에 대해 뭔가 생각이 달라진 부분이 있는지 찬찬히 살피듯 글을 읽어보았으나 별로 토를 달 구석이 없었다. 지금 다시 읽어도 결혼이라는 제도에 대해 현실적이고도 솔직한 견해를 피력한 글이라는 생각이 든다. 다만 한 가지 걸렸던 건 "헤어지고 처음 자유의 몸이 되었을 때는 해방감에 뼛속까지 시원할 지경"이었다고 쓴 부분이다.

내가 왜 이렇게 썼지? 이는 사실이 아니다. 일단 마음이 돌아선 이상, 결혼을 원했던 만큼이나 헤어짐을 열망했던 건 맞다. 그렇지만 이혼이라는 행위는 적어도 내가 경험한 바로는 화려하고도 자유로운 싱글생활로 돌아가기 위한 탈주로는 아니었다. 이혼 서류에 도장을 찍고 법원에 가서 남남이 되기 위한 그 모든 지난한 절차를 최종적인 단계까지 밟은 다음, 나를 사로잡은 감정은 후련함이 아니라 설명 못 할 자괴감과 슬픔 같은 것들이었으니까. 이후 20년이라는 긴 세월이 흘렀으므로 다른 인연을 만나지 않은 건 아니지만 결혼은 당연하게도 연애와는 많이 달라서 헤어졌어도 이따금씩 생각이 났다. 어떻게 지내고 있을까. 이제 그 사람도 나이가 꽤 많이 들었겠군. 왜 사람 팔자라는 건 그리도 얄궂어서 하필 이혼을 하고 나서야 내 일은 잘 풀리기 시작했던 것인지….

어느 날 내 이런 속마음을 눈치챈 한 친구가 말했다.

그렇게 애틋하면 다시 한집에서 둘이서만 같이 살아봐. 그래도 그런 말이 나오는지.

글쎄 모르겠다. 다시 부부의 연을 맺어 한집에서 같이 살아야만 누군가를 기억하고 연민할 자격이 생기는 것일까. 오히려 더이상 부부라는 틀에 서로를 가둬두길 거부했기에 이런 마음도 가능할 수 있었던 게 아닐까. 여기까지 생각을 하고 보니 다시 읽는 내내 들었던 확신과는 달리, 이 글이 정말 결혼에 대해 제대로 쓴 글이 맞는지 자신할 수 없는 지경이 되었다.

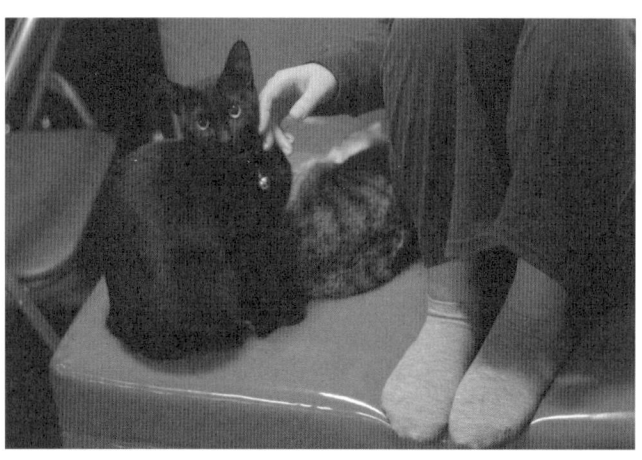

진정한 친구를
가리는 법

친구가 슬프고 불행한 일을 당했을 때 함께 슬퍼하고 위로해줄 수 있는 친구와 좋은 일, 기쁜 일이 생겼을 때 진심으로 축하해주고 기뻐해줄 수 있는 친구 중 어느 쪽이 더 크고 진한 우정이라 할 수 있을까.

누구는 묻겠지. 그 둘이 다른 거냐고. 하나가 되면 당연히 다른 것도 되는 것 아니겠냐고.

하지만 이 문제는 그렇게 간단한 것이 아니다. 세상엔 저 둘 중 하나밖에 해줄 수 없는 우정이 훨씬 많거든. 슬프지만 그게 진실이다. 별로 친하지도 않은 친구의 부모님이 돌아가셔서 문상을 가게 되었을 때, 마치 그 순간만큼은 원래부터 친했던 사이인 것처럼 진심이 발동해 위로했던 경험을 누구나 몇 번씩은 갖고 있다. 그것은 결코 가식이 아니다. 슬픔의 위로는 대단한 우정이 아니라도 사람이면 누구나 할 수 있는 것이다. 문제는 좋은 일이 생겼을 때. 친구가 로또를 맞았다고 치자. 그걸 내 일처럼 기뻐하기가 쉬울까? 언젠가 한번 그런 일을 겪은 적이 있었다. 제일 친한 친구였는데, 어느 날 그에게 믿을 수 없는 행운이 찾아왔다. 친구는 내게 실시간으로 일의 진행상황을 전하다 마침내 대박을 알려왔는데, 거짓말처럼 일이 풀려가는 걸 보며 놀랍고 기쁘면서도 내 마음 한구석에 한 10%쯤의 질시의 감정 또한 커져가던 걸 난 또렷이 기억한다. 내 제일 친한 친구이자 나와는 상관없는 분야에서 일하는 친구였는데도 말이다. 그러니까 그의 일이 잘되어도 내 몫이 줄어들거나 나와 비교될 일 같은 건 없을 텐데도 내 맘이 그렇게 되더라는 것이다.

사실 그런 감정이 드는 게 꼭 나쁜 마음에서만은 아닐 것이다. 이제 친구와 나의 처지가 서로 달라질 테니 예전처럼 지내지 못하게 되는 것은 아닐까 하는 불안한 마음도 있을 것이고, 그런 것들을 다 떠나서 그저 곁에 있는 누군가의 갑작스런 성공을 목격하게 되면 자연스레 본능적인 질시의 마음이 들 수도 있는 것 아닐까? 아무리 친한 사이라 해도 말이다.

그렇다면 그 친구가 슬픔을 당했을 때는 어땠을까. 그 애의 아버지가 돌아가셨을 때 난 일정상 도저히 짬이 나지 않는 스케줄을 쪼개 부산까지 내려가 조문을 하고 왔다. 30분 조문을 위해 주말 이틀 동안 내가 가진 모든 시간을 끌어 써야 했고 그 여파는 다음 주 일하는 데까지 지장을 줄 정도였지만 조금도 귀찮거나 힘들다고 생각하지 않았다. 나는 진심으로 같이 슬퍼했고 그것은 너무나 당연한 일이었다. 부조금을 낼 땐 지갑에 있는 돈을 모두 털어넣기도 했다. 생색 같지만 아무리 친한 사이라도 서울에서 부산까지 달려간다는 게 쉬운 일은 아니잖나. 나는 내심 할 도리를 했다는 생각에 뿌듯했고 그날 장지로 떠나는 버스 안에서 친구는 내 우정에 진심으로 고마워하는 표정으로 마음을 담아 손을 흔들었었다.

바로 그 친구였다. 그 정도로 가까운 친구였는데도 좋은 일이 생기니깐 이상하게 묘한 감정이 들더라는 것이다. 솔직히 난 내 자신이 믿어지지 않았다. 그리고 바로 그때 알게 된 거다. 슬픔을 위로하는 것보다 기쁨을 나누는 것이 훨씬 더 어려운 일이라는 것을. 난 반성했다. 그리고 다시 한번 말하지만 그때 생겼던 나의 질투심은 축하하는 마음의 10% 정도에 불과했다는 걸 강조하고 싶다. 90%는 진심으로 기뻐했으니까. 근데 20% 아니었냐고? 사실 톡 까놓고

50% 아니었냐고? 아니, 정말로 솔직히 말하면 은근히 그 일이 엎어졌으면 하고 바라기까지 하지 않았냐고? 너무 자세한 건 묻지 말아줬으면 좋겠다. 그리고 만약에, 만에 하나 정말로 그랬다면 그건 모두 내 안의 악마가 벌인 일일 뿐이라는 걸 알아줬으면 한다. **그 애의 가장 친한 친구**◐인 내가 그랬을 리는 없을 테니까.

◐   책이 나올 당시 15년 지기였던 친구는 이제 어언 30년 지기가 되었다. 여전히 내 가장 솔직한 모습까지 보여줄 수 있는 몇 안 되는 존재지만, 희한하게도 녀석은 그토록 친한 사이임에도 불구하고 하루에 한 번밖엔 전화를 받지 않는 이상한 원칙의 소유자이기도 하다.

나는 타인의 일생을 다룬 전기傳記 읽는 일을 좋아한다. 그 안에 담긴 유명하고 잘난 사람들의 무결점한 인생을 본받고 싶어서가 아니라, 아무리 훌륭한 일을 한 사람일지라도 그 내면엔 여느 평범한 사람들 못지않은 시기며 질투며 위선의 감정들이 고스란히 자리잡고 있다는 사실을 확인할 때마다 나 스스로를 어느 정도는 용서할 수 있기 때문이다.

시간이 지나고 나이를 먹어서도 내 안의 악마는 여전했지만 약간은 진화(?)한 모습을 보였다. 이 복잡하고도 비정한 세상을 살아가기에, 나 혼자 잘돼서는 소용이 없다는 사실을 뒤늦게 깨달았던 것이다. 젊어서 머리 잘 돌아가고 기운 팔팔할 때는 혼자서도 뭐든 잘 해낼 수 있을 줄 알았는데, 이렇게나 긴 연전연패의 시기가 나를 벼르고 있을 줄 누가 알았겠는가.
덕분에 나는 물론이고 주변 사람들도 같이 잘되어서 서로 밀어주고 끌어줄 수 있는 무리를 이루는 게 생존에 훨씬 더 유리하다는 교훈을 얻었지만, 너무 늦어버렸다. 이젠 다들 너무 늙어버려서 딱히 잘될 기회도 능력도 더이상은 남지 않게 되었으니 말이다.

소중한 걸 알면 이미 젊음이 아니듯이, 깨달음이란 늘 후회를 부른다.

프러포즈

사랑하자는 건 헤어지자는 거지 안 그래?

너와 내가 사랑을 안 하면 평생 볼 수 있는데
뭣 때문에 사랑을 해서 일이 년밖에 안 봐야 돼?

나는 그게 납득이 안 가.

나는 그래서 너의 프러포즈가 이해가 안 가.

무슨 이유인지 알 것도 같고 모를 것도 같은 경험이었는데, 책이 출간된 뒤 한 10년쯤 지난 어느 날이었을 것이다. 이 글만 똑 떼어서 누군가 인스타그램에 올린 것을 우연히 본 적이 있는데 조금은 뜻밖이었다. 책을 읽지 않은 채 이 글을 접한 사람들 중 상당수가 글 내용에 아주 격렬한 거부감을 표출하고 있었던 것이다. 사랑의 신성함과 영속성에 대한 신화와도 같은 믿음에 작가가 공연히 스크래치를 내려 한다고 받아들인 것일까.

아이러니한 것은 정작 책을 읽은 독자들에게는 이 글이 가장 환영받은 글 중 하나였다는 사실인데, 같은 글을 두고 이토록 다른 반응을 접한 것도 작가로서는 흥미로운 경험이었다.

서 점

아무리 외톨이라 할지라도 단지 친구인 '사람'이 없을 뿐 누구든 위안이 되어줄 자기만의 무언가를 하나씩은 갖고 있다. 그것이 책이나 영화가 될 수도 있고, 다른 어떤 취미생활일 수도 있으며 기르는 고양이나 개가 될 수도 있을 테지만, 나에겐 오래전부터 서점이라는 공간이 최고의 안식처이자 벗이었다. 비록 책을 읽는 데는 별로 관심이 없었지만 어려서부터 서점에 가는 것을 워낙 좋아해 마흔이 되어가는 지금까지도 변함이 없었고 **앞으로 죽기 전까지 그러할 것이다**.

왜 서점이란 공간이 그토록 좋은 걸까. 어느 날 일기를 쓰다가 내가 이토록 서점을 좋아하는 이유에 대해 한 번도 생각해본 적이 없다는 사실을 깨닫고 한번 정리를 해봤다. 그랬더니 서점은 정말로 내가 좋아할 만한 모든 것을 갖추고

◐　　　이 예측은 아마 맞을 것이다. 나는 삶의 어떤 사안이든 간에, 지금까지의 확률과 경향을 가지고 앞날을 예측하곤 하는데 어려서부터 마흔이 될 때까지 변함없이 행하던 일을 쉰다섯인 지금도 계속하고 있는 걸 보면 죽기 전까지 그러하리라는 전망도 결코 과장은 아니라는 것.

문제는 내가 아니라 내 안식처인 서점이라는 공간이 언제까지 존재할 수 있을까 하는 점일 테다. 왜냐하면 지금까지의 확률과 경향에 따르면 우리나라에서 책을 읽는 사람과 책을 파는 공간의 수는 나날이 줄어왔기 때문이다.

있는 완벽한 장소였다. 감탄할 정도로.

무엇보다 서점은 편하고 자유롭다.

혼자 가도 남의 시선 의식 안 하고 누가 보든 안 보든 편하게 있을 수 있는 곳이, 생각해보면 정말 많지 않다. 백화점에 쇼핑을 가도 혼자 가려면 뭔가 쓸쓸한 기분이 들고 극장은 당연하고, 심지어 전시회를 가도 혼자 다니려면 어쩐지 초라한 기분이 드는 나 같은 사람에겐 더더욱. '혼자 다니는 게 좋다!'라고 주장하는 사람이 아니라면 사람은 원래 밥 한끼를 먹어도 혼자서 먹으려면 허전한 법이다. 이렇듯 무슨 일을 하건 어디엘 가건 동행이 필요한 세상에서 유독 서점만큼은 혼자 가서 돌아다녀도 그 누구의 눈치도 보이지 않고 자유로우니 얼마나 편한가[●].

그곳은 일단 들고나는 것부터가 자유롭다.

입장료가 없으니 대가 없이 들어갈 수 있고 몇 번을 들락거려도 누구 하나 이상하게 여기는 사람도 없으며 그 넓은 공간이 다 나의 서가인 양 내 맘대로 돌아다니며 내키는 책들을 뽑아 볼 수 있고, 한참을 들여다보다 사지 않아도 상관

◑   이 점에 있어선, 세상에 점점 혼자가 많아지기도 했고 그 혼자를 바라보는 시선도 달라진 덕분에 (바람직한 변화라고 생각한다) 나 자신도 변하지 않았나 한다. 사실 오랜만에 읽는 글의 이 부분이 낯설게 느껴질 만큼 나는 이제 어디든 혼자 다니는 것을 곤란해하기보다 오히려 그 시간을 귀히 여기는 사람이 되었으니 말이다.

없고 또 아예 책을 보지 않아도 그것마저 상관없다. 얼만큼 있든 어느 곳에 있든 누구 하나 뭐라 하는 사람이 없다. 스낵바에 앉아서 한참을 멍하니 있어도, 책이라곤 손에도 대지 않고 그저 공간을 빙빙 돌고만 있어도 문제없다.

그곳은 평화롭다.

서점에서는 큰 소리로 떠드는 사람도 없고 앞자리를 발로 차는 사람도 없으며 팝콘을 우적우적 먹으며 책을 읽는 사람도 없다. 필요하신 것 없냐고 부담스럽게 접근하는 직원도 없고 책을 해설해가며 읽어주는 사람도 없다. 만약 있다 해도 다른 곳으로 자리를 피하면 그뿐이다.

서점은 신기하다.

그렇게 많은 사람들이 북적이는데 다른 사람들과 거추장스럽게 부대끼거나 시선을 의식하게 되는 일도 별로 없다. 모두 각자 책을 보는 일에 몰두하고 있기 때문일까? 그래서 서점에서는 사람이 많으면 많은 대로 없으면 없는 대로 어쨌든 좋다. 주말에 만원버스처럼 사람이 많아져도 어쩐지 서점 안에서는 다들 나름의 질서를 지키고 있는 것도 책 앞에서 사람들은 조용하고 평화로워지기 때문인지 모른다. 그래서인지 서점에 들르는 사람들은 타인에게 무례하거나 폭력적이지 않다. 서점은 사람이 많아도 참을 수 있는 거의 유일한 곳이다.

서점의 낮은 문턱은 정말이지 매력적이다.

비단 입장료가 없기 때문만은 아니다. 입장료가 없어도 보이지 않는 장벽이 있는 공간은 많으니까. 나는 자신감이 바닥나 있을 때 강남의 고급 매장에 가는 것을 별로 좋아하지 않는다. 그날따라 나의 행색에도 어쩐지 신경이 쓰이고, 동행인 없이 가기라도 하는 날엔 더더욱 마음이 편치 않다. 그런 곳에 가면 손님인 나보다 물건 파는 점원이 오히려 상전처럼 굴 때도 많지 않은가. 그러나 서점은 다르다. 행색 따위 아무래도 좋다. 집에서 입고 있던 추리닝 바람으로 가도 상관없고 모자만 눌러쓰면 머리를 안 감고서도 다녀올 수 있다. 무엇보다 그곳은 일에 치여 피곤하거나 감정이 저조할 때 오히려 더 찾게 되고 위로를 얻게 되니 이처럼 고마운 공간이 또 어니 있을까.

왜 그곳에서는 감정을 마음대로 놔두어도 괜찮은 걸까.

외롭거나 슬프고, 우울하거나 지쳐 있을 때도 그곳은 내가 누구든 누구도 아니든 외롭든 외롭지 않든 상관없이 다 받아준다. 잔잔한 음악이 흐르고 사람들의 발소리, 말소리가 결코 소음으로 들리지도 않으며 타인의 존재가 거추장스럽게 느껴지지도 않는 그곳은 진정한 나의 오아시스임에 틀림없다.

내가 가장 좋아하는 서점은 광화문의 '교보문고'다. 나는 이곳을 아주 어릴 적부터 드나들었는데 **중간에 이상하게 리모델링을 하긴 했지만**❶ 이제는 그마저도 정이 들었고 어릴 적부터 드나든 곳이니만큼 어쩐지 다른 곳에 갈 때보다 마음도 더 편안해지는 것 같다. 그 외에도 종로 주변의 대형 서점들은 대체로 다 좋아한다. 내가 이처럼 동네 서점보다 시내 대형서점을 선호하는 이유는 앞서 열거한 서점의 좋은 점들을 동네 서점에서는 맛볼 수 없기 때문이다. 아무도 없는 동네 서점에서, 나는 완벽히 혼자가 된다. 동네 서점의 쓸쓸하고 초라한 모습은 위로를 해주기는커녕 나의 위로를 기다리고 있는 것만 같다. 결국 내가 서점을 찾는 이유는 책이 다가 아니기 때문에, 동네 서점들에게는 미안하지만 주로 시내 대형서점을 찾을 수밖에 없다.

◐　　　　광화문 교보문고 본점은 『보통의 존재』가 나온 이후로도 한차례 더 리모델링을 해서 지금의 모습이 되었다. 전에는 각 구획마다 개성이 살아 있었는데 지금은 공간의 많은 것들이 비슷한 모습으로 '통일'되었다. 내게 교보문고의 모습은 대략 세 가지 정도로 기억되는데 지금과는 달리 숨을 곳이 많았던 예전의 형태가 내게는 더 좋았던 것 같다.

언젠가부터 서점들이 밤 열시 넘어서까지 문을 열기로 한 결정은 기가 막힌 발상이었다. 평일 밤 아홉시쯤, 느지막이 서점을 찾아 주차장에 차를 대고 한적한 서점 이곳저곳을 거닐 때면 무한한 행복을 느낀다. 좀더 젊은 시절에는 이런 사소한 일에 행복을 느껴야 하는 내 처지가 가여웠던 적도 있었지만 행복 중의 으뜸은 평범한 행복이라는 사실을 깨닫고부터는 더더욱 감사하고 행복한 마음으로 오늘도 서점을 찾고 있다.

기쁠 때나 슬플 때나 비가 오나 눈이 오나 안식처인 서점이 있어 저는 행복합니다.

172

◖　　　　책이 막 나와서 독자들의 반응을 살필 때였다. 이 「서점」이라는 글 내내 내가 이랬다저랬다 반말로 이야기를 하다가 마지막 문장에서 갑자기 '행복합니다' 하고 높임말로 종결을 지은 것에 대해 어떤 독자의 불만이 대단했다.

'이 사람은 이런 사소한 것조차 맞추지 못하면서 무슨 글을 쓰겠다는 거지?' 하며 그분은 '남들은 평생 노력해도 책 한 권 내기가 쉽지 않은데 요즘은 유명하다는 이유만으로 이렇게 쉽게 책을 내는 사람들이 많아진 것'을 문제의 원인으로 지목하기도 했다.

그렇게 내 글을 보며 분개하는 독자에게 나는 그건 글의 마지막을 강조하기 위해 일부러 그렇게 한 것이고 작가들이 많이들 쓰는 방법이라는 설명을 차마 건넬 수 없었다.

다들 느끼는 대로 출판업과 서점업은 나날이 쇠락해가고 있다. 『보통의 존재』가 처음 세상 빛을 보던 2009년만 해도 서울 시내에 지금보다는 대형서점이 많았었다.

당장 종로와 반포만 해도 '반디 앤 루니스'라는 큰 서점이 있어서 즐겨 다닌 기억이 있는데 지금은 모두 사라졌다.

종로의 '영풍문고'는 또 어떤가. 평일 밤 아홉시쯤 느지막이 차를 몰고 가서 문 닫기 직전의 여유를 즐기던 그 공간은 이제 더는 남아 있지 않다. 영풍문고라는 간판을 달고 여전히 그 자리에서 책을 팔고 있긴 하지만 서점 내에서 책이 차지하는 면적이 날이 갈수록 줄고 있는 그곳을 찾을 때마다, 더는 서점이 주는 기쁨보다는 사라져버린 옛 모습 때문에 서글픔을 더 많이 주는 공간이 되었기 때문이다.

요즘 사람들이 '무해하다'라는 말을 자주 쓰던데, 나는 책만큼 무해한 물건이 또 있을까 싶고, 그것이 공간을 가득 메우고 있는 서점보다 더 무해한 곳이 있을까 하는 생각이 든다. 이 「서점」이란 글은 많은 사람들이 읽어주었던 이 책에서도 유난히 사람들이 좋아하는 글로 자주 언급된 바 있는데, 이제 와 다시 읽어보니 내가 서점이란 공간을 그토록 좋아했던 이유도 바로 그 무해함 때문이었던 것 같다. 언제 어디서 무슨 일이 생길지 몰라 한시도 마음을 놓을 수 없는 세상에서 어떤 해도 끼치지 않는 공간이라니.

가끔은 어떤 단어 하나를 표현하기 위해 이렇게나 구구절절
많은 내용의 글이 필요할 때도 있다.

너는 웃으며 말했지

좋아해.

다정하지 않을 뿐.

이 글도 참 항의를 많이 받은 글 중 하나다. 좋아한다면서 왜 다정하지 않은 것인지 이해하기 어렵다며 따지거나, 당신 그런 사람인 줄 몰랐다는 반응도 많았다. 물론 그렇다고 그분들에게 일일이 해명을 하지는 않았지만, 만약 해명을 한다 한들 내가 뭐라고 해야 했을까.

원래 속마음과 달리 겉으로 드러나는 감정은 차이를 보일 때도 있는 법이라고 친절히 설명을 했어야 했나? 아니면 이건 사실 저의 이야기가 아니라고, 나는 원래 글을 쓸 때 화자를 (내가 아닌 상대방으로) 바꿔치기할 때도 많다면서 화난 독자들을 다독여야 옳았을까.

모르겠다. 다만 이런 식으로 질타 아닌 질타를 받는 글들의 공통점은, 그만큼 다른 독자들에게는 사랑도 많이 받는다는 것. 하나의 글을 두고 어떤 지점에서 그렇게 반응이 정반대로 갈리는 것인지는 여전히 알 수 없지만, 하여간에 무반응보다는 훨씬 나은 일이라는 것쯤은 알고 있다.

여행보다 긴 여운

2004년. **우리**[•]는 두번째로 일본을 찾았다. 3년 전 유서 깊은 **아카사카 블릿츠**[•]에서의 공연 이후 3년 만의 일본행이었다. 이른바 '재팬 투어'라 해서 도쿄의 클럽 몇 군데와 후쿠오카의 작은 페스티벌에 참가하는 스케줄이었다. 동경에 도착하자마자 짐을 풀 새도 없이 시부야에 있는 클럽에 가서 공연을 하고는 숙소가 있는 시이나마치로 향했다.

◐　　　여기서의 우리란 아마 내가 23년간 몸담았던 밴드 '언니네 이발관'을 말하는 것일 테다. 2001년에도 나는 소속팀의 해외투어 일정 덕분에 일본을 처음 찾은 적이 있었다.

◑　　　아카사카 블릿츠는 도쿄 아카사카 지역의 대표적인 라이브 공연장이다. 1996년에 개장한 곳으로 자국 뮤지션들은 물론 데이비드 보위, 그린 데이 등 해외 유수의 아티스트들도 많이 공연한 도쿄 라이브 음악 문화의 역사적 현장이었으나 아쉽게도 2020년에 코로나 팬데믹과 지역 재개발계획의 여파로 폐장되었다.

물론 이번엔 지난번 갔을 때와는 비교가 안 될 만큼 이곳저곳 많이 돌아다녔기 때문에 아오야마 명품거리의 화려함에 감탄하기도 하고 그 밖의 많은 거리를 다녀보기도 했지만 여전히 하라주쿠의 진가는 느낄 수 없었다. 다시 찾은 일본의 도심은 여전히 서울과 다를 바 없었기에 역시 일본의 진가는 도시 한복판이 아닌 민가에 있는 게 아닐까 생각했다.

숙소에 도착. 일본 주택가의 밤은 여전히 조용했다. 우리가 묵을 곳은 한국인 부부가 사는 집이었는데 집주인이 자리 비워서 우리만 잔다고 했다. 매니저에게 원래 사는 사람들은 어딜 갔냐고 물으니 7년간 남편 유학 뒷바라지를 하던 부인이 남편이 도망을 가버려 이혼수속 밟느라 한국에 들어갔다는 것이다.

그 얘길 듣고 집 안에 들어서서 그랬는지 곳곳에 정갈하니 놓여 있는 살림살이들이 어쩐지 측은하게 다가와 마음이 편치 않았다. 그러다 본 냉장고에 붙어 있는 메모 한 장.

'우리 귀여운 오리새끼들. 엄마 아빠 없어도 잘 지내야 한다. 항상 건강하구 앞으로 나아가거라.'🔘

◑   노랗고 파랗고 빨간 머리를 더듬이처럼 뾰족하게 세운 펑크 음악 하는 소속사 동료 애들 틈에서, 홀로 냉장고에 붙은 메모를 보며 상념에 잠기던 순간이 지금도 또렷이 기억난다. 나는 어려서 엄마 아빠가 싸우지 않고 지내셨기 때문에 부모의 불화가 자식들에게 얼마나 엄청난 영향을 미치는지를 서른이 훨씬 넘어서야 알았다. 나를 낳아준 두 사람이 고성을 지르며 서로를 사정없이 할퀼 때의 그 죽고 싶을 정도로 힘든 마음을.

모르겠다. 사실 처음 일본에 왔을 때 동경의 민가는 내게 그저 예쁘고 깨끗한 동화 속 공간이었다. 그러나 그곳을 두 번째 찾았을 때, 일본의 민가는 더이상 동화 같은 공간이 아니라 비로소 정말 사람들이 살고 있는 공간으로 다가왔다. **거기엔 설명 못 할 쓸쓸함과 가라앉음이 있었고…**● 그렇게, 처음 일본을 찾았을 땐 느끼지 못했던 그것은 동경에서의 일정을 마치고 후쿠오카로 이동해서까지 계속되었다. 이 쓸쓸함의 진원이 어디일까. 나는 그곳에 있는 동안 줄곧 생각했다.

그러고 보니 일본에 있는 동안 공식적인 스케줄이 아니면 개인 시간은 거의 혼자 보내다시피 했는데 사실 그건 내 온전한 자의는 아니었다. 여행 속에서 친구와 동료들은 이상하게 내 곁에 있길 거부했고 다른 곳으로 저이들끼리 떠돌았다. 둘씩 짝을 맞춰 다닐 때에도 능룡이는 지형이랑 다녔고, 대정이는 또 대정이대로 누군가와 짝을 맞추는 바람에 나는 혼자가 되었다.

◐ 이 비슷한 감정을 10년 만에 교토에 갔을 때에도 느낀 적이 있다. 오랜만에 찾은 교토는 도시의 모든 것이 여전히 같은 모습이었다. 물론 거기에는 문제가 없다. 난 우리나라의 도시 풍경이 너무 자주 바뀌는 게 불만인 사람이니까. 그렇지만 티브이 쇼프로조차 수십 년 전 포맷 그대로 방송을 만들어 내보내는 일본의 모습은 어쩐지 기이했다. 이 큰 섬나라가 이렇게 정체를 거듭하다 언젠가 가라앉는 것은 아닌가 하는 막연한 예감을 받았다면, 너무 호들갑이었을까.

고등학교 1학년 때 경주로 수학여행을 갔던 기억이 난다. 당시 우리 반이 타고 다니던 버스는 48인승인 관계로 정원이 51명이었던 우리 반 사정상 누군가 3명은 무조건 서서 이동해야 했다. 돌이켜보면 서서 간들 어떻고 혼자서 다닌들 어떨까 싶지만 그땐 그 3명 안에 든다는 사실이 어쩐지 낙오자가 되는 것만 같아 다른 애들이 구경을 다니고 놀 때 난 버스에 탈 시간만을 초조히 기다리며 버스 근처에서 서성이곤 했었다. **왜 난 그토록 바보 같은 녀석이었는지.**[이]

하지만 나는 이제 어른이 되었고 그때보다 강해졌다고 믿었기 때문에 다른 아이들이 삼삼오오 무리 지어 외출을 나갔을 때에도 혼자 남는 일쯤 그다지 두렵지 않았다. 기왕 이렇게 된 것, 나는 혼자서 일본의 지방 도시 하나를 걸어서 관통하리라 마음먹었다. 호기롭게 처음 발걸음을 떼던 순간에는 뭔가 재밌는, 여행자만이 겪을 수 있는 특별한 일이 벌어지지 않을까 기대를 했던 것도 사실이었지만 역시나 그런 일은 일어나지 않았고, 혼자 가진 도보의 시간들은 오붓하지도 낭만적이지도 않았다.

◑　　　그럴 수 있다. 사람이니까, 그럴 수 있어. 물론 지금이라면 안 그러겠지만.

그저 혼자였을 뿐이었고 여행기를 펼치면 흔히 등장하는 에피소드 같은 것들은 겪어보지도 못했다. **애초에 일본에 올 때는 아이들하고 대화도 많이 하고 어울리는 시간을 좀 갖고 싶었는데 왜 이렇게 되었을까.**[●]

사실 여행이라는 건 생각보다 많은 예민함과 미묘한 충돌이 있다.[●] 언젠가 런던에 갔을 때 친한 친구랑 여행하는 게 왜 안 좋은가 알게 되었던 그때와는 또 조금 다르지만, 어쨌든 아이들이 좋아하니 그것으로 된 게 아닐까. 마지막 날. 애들은 오늘도 저마다 볼일을 보러 나가고 나는 이번엔 아예 혼자 방에 남아버렸다.

◑   시간이 흘러서 이때의 아이들이 더는 내 동료가 아니게 되었을 때, 우연히 한 뉴스에서 본 시민 인터뷰에 이런 내용이 있었다. 본래 직장에서 갖는 회식이란 나이든 상사들이나 즐겁지 젊은 직원들은 누구 하나 좋아서 따라가는 사람이 없다던 그 말. 그 말을 듣는데 문득 아이들과 함께 보냈던 그 많던 사적인 시간들이 떠올랐다. 같이 밥 먹고 술 마시고 생일을 함께 보냈던 날들이 그 애들에겐 어쩌면 직장인의 회식 같은 시간이었을지도 모르겠구나, 생각하니 그때 내가 그 먼 일본 땅에서 왜 혼자가 되었었는지도 그 이유를 짐작할 수 있을 것만 같았다.

◑   너무 절대적으로 여전히 그러하다고 생각한다. 가까운 사이일수록 더.
당장 여행은 고사하고, 어버이날 오후에 부모님 모시고 가족들과 서울 시내에 있는 절이라도 찾았다고 치자. 불 켜진 연등이 수놓은 밤 풍경을 기다릴 새도 없이 우리 큰누나 같은 사람들은 자기 혼자 30분 만에 절을 다 둘러보고 어서 집에 가자고 성화를 할 것이다. 그런데 같이 먼 나라로 비행기 타고 여행을 간다? 장담컨대 파국이 우리 가족을 기다리고 있을 터.

후쿠오카 스카이코트 하카타 호텔 512호[1]에서, 나는 그렇게 다시 혼자였고 마침 그때는 책도 읽지 못하던 때라 자연스레 노트를 꺼내들고 메모를 끄적이기 시작했다.

"여행은 내게 여전히 힘들고 많은 생각을 안겨준다. 나는 정말 아직도 여행을 잘 모르겠지만 알 수 없는 오기 같은 것이 생겨 다시는 가고 싶지 않다, 집에만 있을 거야, 라는 생각은 하지 않게 되었다."

"여행과 모험을 두려워하지 않고 언제나 책을 읽을 수 있으며 통신수단이 없어도 답답해하거나 두려워하지 않는 그런 사람."

서른세 살. 가을.[1] 나는 그렇게 혼자였던 곳에서 돌아왔고 고향의 바쁜 일상 속에서 다시 평온을 되찾았다. 그리고 5년이라는 세월이 흘러 어느새 서른여덟이 되었다. 여전히 책을 읽지 못하며 여행도 가지 않고 휴대폰만 쥐고 살던 나는 불혹의 나이를 2년 앞두고 **마침내 그동안 전혀 읽지 못하던 책을 읽을 수 있게 되었다.**[1] 후쿠오카에서 바랐던 소원 중 한 가지를 이루게 된 셈이다.

◑　　　나는 물건보다 공간에 더 애착이 있다보니 이렇게 사연이 담긴 곳은 훗날 꼭 한번 다시 찾고 싶어하는 일종의 회귀욕구 같은 게 있다. 만약 기회가 닿아서 언젠가 이곳을 다시 찾게 된다면 필시 당시의 일을 떠올리며 감상에 빠지거나 전에 느꼈던 감흥을 다시 느낄 수 없어 멍한 기분이 되거나 둘 중 하나일 것이다.

◑　　　아득하다. 이젠 정말 내게 존재했었는지조차 모르겠을 만큼 낯선 서른세 살이라는 나이가.

◑　　　사실 자발적인 독서는 아니었다. 앞서도 말한 것처럼 처음으로 책을 써서 내야 했기에 어쩔 수 없이 그간 사기만 하고 읽지는 않던 책들을 비로소 펼쳐본 셈이었으니까.

두번째 소원이었던 여행은 이 핑계 저 핑계로 아직까지 변변히 떠나본 곳은 없지만 욕구만은 점점 간절해져 그토록 싫어하던 여행기를 볼 수 있을 정도까지는 되었다. 요즘도 때때로 그곳에서 메모를 끄적이던 내 모습이 떠오른다.

"새로운 생각, 새로운 인연… **나는 일본을 두 번 맛보았을 뿐이지만**[●] 막연히 일본다운 것이 좋다는 것에 대해서도 이제는 조금 답답하다는 느낌을 갖게 되었다. 그러나 잊을 수 없었던 시이나마치의 그 집에서 느꼈던 가정의 깨어진 온기… 냉장고에 붙어 있던 메모… 난데없는 쥐의 출현…."

여행보다 긴 이 여운이 언제까지 갈까. 스카이코트 하카타 호텔의 512호 그 작은 방. **놀랍게도 난 요즘 내내 혼자였던 그곳으로 다시 가보고 싶다는 생각이 불쑥불쑥 들곤 한다.**[●] 남은 소원들을 모두 이루게 되는 날, 그때 그곳으로 꼭 한 번 다시 가보리라.

◐　　　세월이 20년쯤 더 흐른 지금의 나는 그후로 두세 번 더 일본을 찾았던 것 같다. 그중 두어 번은 여행 삼아, 또 한 번은 지병인 궤양성대장염을 치료하기 위해 히로시마에 있다는 양한방병원을 찾은 게 그것이다.

◑　　　사실 과거 혼자였던 순간에 대한 그리움은 비단 이 때에만 해당하는 것은 아니어서, 어째서 고독과 외로움의 순간이 시간이 지나 그리움으로 모습이 바뀌어 다가올 수가 있는 것인지에 대해 요즘도 가끔 생각한다. 그저 지나간 과거라서 추억으로 미화된 것뿐이라고 치부해버릴 수도 있겠지.

그렇지만 젊어서는 왜 그리 혼자 보내는 시간을 힘들어했는지 더듬어보면 그 기저에는 역시 무리에서 이탈할지도 모른다는 젊은 사람 특유의 공포가 있었다. 그래서 무작정 타인과 함께하기만을 바랐던 건 아닌가 싶은 생각도 들고. 어찌 됐던 간에 혼자 보내는 시간의 소중함을 모른 채 보낸 젊어서의 시간들이 지금 돌아보면 조금은 아깝다. 만약 과거 고등학생이었던 나를 찾아가 이렇게 말해준다면 어떨까. 버스에서 혼자 서서 가는 일 따위 두려워하지 말라고. 지금 너에겐 다른 중요한 일이 훨씬 더 많다고. 하지만 그랬다가 오히려 과거의 내게 '지금 이게 얼마나 중요하고도 현실적인 문세인지를 다 잊어먹은 것이냐, 나이 먹은 주제에 어디서 갑자기 나타나 한가한 소리를 하고 있느냐'며 혼날지도 모르니 안 하는 게 낫겠다.

191

오랜만에 이 글을 읽다보니 두 번의 일본 방문을 굳이 구분하지 않고 마치 한 번의 여행이었던 양 있었던 일을 마구 뒤섞어 쓰고 있다는 사실을 알았다. 왜 그랬는지를 잠시 생각해보니 이 글은 있었던 일의 시기와 내용을 사실대로 기록하는 건조한 기록물이나 보고서가 아니라 단지 그때 내가 느꼈던 감정과 처한 상황 등을 그때 느꼈던 그대로 재현하는 것이 더 중요한 글이기 때문이었다. 즉, 글의 내용보다는 글의 무드, 우리말로 하면 분위기나 느낌이 더 중요한 글이라고 할까. 만약 독자들이 이 글을 읽으며 일말의 쓸쓸함이나 고독감을 느꼈다면 내 의도는 적중한 것이다.

반전

비밀을 보여주면 달아날 거란 생각에
두려움을 갖곤 하지만
사실은 더욱 큰 사랑을 느끼게 되므로
이것이야말로 사랑의 반전인 것이다.

따라서
비밀공개는 신중히.

나는 내가 쓰는 이런 글을 좋아한다. 무슨 이야기를 하고 싶은 건지 어떤 상황인지는 어렴풋하게만 짐작이 가도록 써놓아서 독자의 상상력을 부추기는 글. 구체적인 내용이 무엇인지는 알기 어렵지만, 뭔가 로맨틱한 듯하면서도 어딘가 애처로운 상황인 것도 같아서 하여간에 몽글몽글한 분위기를 많이도 자아내는 글.

허나 아무리 그렇더라도 이 글의 내용은 앞뒤가 잘 맞지 않는다. 글은 대충 이런 얘기다. 사람들은 흔히 자신의 비밀을 약점으로 여기기 때문에 사랑하는 사람이 그걸 알게 되면 달아나 버릴까 두려워하는 경향이 있다는 것이다. 이에 화자는 충고하기를, 사랑이란 상대의 약점에 가까운 개인사를 알게 된다고 해서 마음이 떠나기는커녕, 오히려 연민에서 비롯된 더 큰 사랑을 부를 수도 있는 것이니 너무 걱정 말라 다독이는 내용이랄까. 그렇다면 이어지는 말은 '따라서 비밀공개는 신중히'가 아니라 '과감히'라고 했어야 내용상 아귀가 맞아 떨어질 테지만 나는 그러지 않았다.

아무리 봐도 '과감히'란 어휘가 주는 그 필요 이상의 박력과 능동적인 느낌이 사랑 앞에 한없이 작아진 사람의 마음을 표현하기엔 적절치가 않다고 느꼈던 것이겠지. 결국 나는 고민 끝에 내용과는 맞지 않지만 '신중히'라는 세 글자를 골라 대신

넣게 되었는데, 이 모든 결정은 이번에도 역시 내용보다는 분위기가 더욱 중요한 글이라는 판단이 있었기에 가능한 것이었다.

한 가지 의외였던 점은, 이 글을 읽은 독자들은 이런 나의 우려나 해석과는 상관없이 알아서 글을 잘 받아들였다는 것.

내 편

같이 일했던 작가 언니가 그러는데
난 별로 똑똑하지 못하대.
일이 터지면 어디에 줄 서야 하는지도 모르고
우왕좌왕하다가 그냥 주저앉아버린다나.

인생이 내 편을 만들어가는 게임이라고 한다면
난 히딩크가 되진 못할 것 같아.
그러기에 난 너무 더디고 또 많이 서툴거든.

한때는 이른바 '처세'라는 걸 잘하는 사람들을
별로 좋아하지 않던 적도 있었지.
순수하지 못하다는 이유로.
하지만 지금은 그렇게 생각하지 않아.

살아가는 데 있어서 내 편을 만드는 일은
정말 중요하더라구.

너무 약삭빠르게 처신을 하는 것도 좀 그렇지만
스스로를 고립시키는 건
자신에게 죄를 짓는 일인지도 몰라.

누구나 관계 안에서 살아간다. 우리처럼 땅덩어리가 좁아 남들과 밀착한 채 살아가야 하는 나라에선 더더욱.

예술가라면 여느 사람들과는 달리 세속적인 것에는 관심을 덜 둘 것 같지만, 실은 그들이 남들보다 더 자리에 연연하고, 편을 만들고, 무리에 속하려 애쓰는 모습을 볼 때가 있다. 비판 대신 침묵을 택하고 혼자보다 함께일 때 더 안전하고 아늑하다는 걸, 그들도 알고 있기 때문이겠지.

나는 그런 세상을 한탄하고 싶어 이 글을 쓰지는 않았다. 나 역시 이 작고 사건 사고 많은 나라에서 누구보다 내 편이 필요했지만 만드는 법을 알지 못했고, 아마 알았더라도 용기 내어 실천하지는 못했을 것이다.

결국 나는 보시다시피 적당히 혼자 남게 되었고, 오늘도 자유로움와 외로움 사이를 줄타기하듯 오가며 살아가게 되었다. 이런 나와 달리, 세상에는 유난히 두꺼운 전화번호부를 소유한 채 살아가는 사람들이 있는데 그렇다고 해서 그들이 나보다 유달리 행복하거나 외로움과는 거리가 먼 삶을 살아가는 건 아니더라.

어쩌면 고독은 숫자의 문제는 아닐지도 모른다.

산 책

일상적으로 즐기는 것들에 대해 무심히 지나치지 않고 그것
이 왜 즐거움을 주는지 따져보는 일은 색다른 재미를 준다.°
고궁에 가면 행복을 느끼는 이유는 뭘까, 책을 읽는 것은
드라마를 보는 것과는 어떻게 다르며 왜 특별할까. 또, 산
책을 나가면 기분이 나아지는 이유는 무엇인가와 같은 의
문에 해답을 구하는 일들. 그중 산책에 대한 이야기를 해보
기로 하겠다.°

산책이란 대개 한가롭고 여유 있는 상황에서 하게 되는 경우
가 많지만° 때때로 고통이나 고립감을 잊기 위한 방편으로

◑   어쩌면 이것이 글을 쓰는 이유인지도 모른다. 무언가에 대해 일단 쓰게 되면 우리는 같은 하루를 두 번 살 수도 있고 이미 봤던 영화를 새롭게 한번 더 볼 수도 있으며 의미를 발견하지 못하고 지나치던 수많은 평범한 일들이 새롭게 다가오는 기적을 경험할 수도 있으니까.

◑   한 명의 에세이스트로서 또 작가로서, 어차피 본인 마음대로 쓰는 글에 스스로 명분을 부여하는 흔한 기법인데, 뻔뻔하다면 뻔뻔한 대목의 처리가 제법 자연스럽게 이루어졌다고 할까. 오랜만에 읽으면서 마치 면죄부라도 받는 느낌이 들었다.

◑   그때는 그랬나보다. 하지만 지금의 내게 산책은 보다 많은 목적성을 띠게 되었다. 이를테면 여유가 있어서 하게 된다기보다는 여유를 찾기 위해 작정하고 감행을 해야 하는, 뭐 그런 범주의 일이 되었다고 할까.

선택되는 수도 있다. 그럴 때 산책은 일종의 마취제나 안정제와 같은 역할을 한다. 집이라는 공간에 고립되어 있을 때, 사람은 고통에 더욱 취약해지기 마련이다. 그럴 때는 바깥으로 나간다는 자체만으로도 어느 정도의 진통효과를 기대할 수 있다.● 그러고 나면 어떤 곳을 거닐지를 선택해야 한다. 마음이 고독과 소외감으로 저조할 때엔 한적한 오솔길을 걷는 것보다는 사람들이 많이 오가는 거리를 택해 기분전환을 꾀하는 편이 좋을 것이다. 그러나 산책이란 단순하지 않아서 때론 남들의 밝은 모습이 오히려 독이 될 수 있으므로 주의해야 한다. 때에 따라 적절히, 무엇보다 마음이 조금이라도 내키지 않는 곳은 피하는 자세가 중요하다.

◑　　　나는 몸의 고통뿐만 아니라 마음의 고통까지도 하나의 통증처럼 받아들이는 경향이 있다. 오죽하면 산책이라는 대체로 평화로운 행위에 대해 이야기를 하면서 정작 꺼내는 단어들은 마취, 안정제, 고통, 진통 따위라니. 그래서 그런지 이 대목을 읽으며 이런 단어 선택을 했다는 사실이 너무 나다워서 웃음이 났다.

혹시 나는 삶 자체를 일종의 전쟁으로 인식하고 있는 것은 아닐까. 그래서, 그 전쟁터 같은 삶 속에서 언제나 크고 작은 부상을 입는 부상병으로 스스로를 인식하고 있는 것은 아닌지.

(그러고 보니 평소 내가 밥을 그토록 허겁지겁 먹는 이유도 설명이 되는 것 같다. 이유는 모르겠지만 나는 나를 군대에서 훈련받는 군인으로 인식해온 것이다. 그렇다면 이 전쟁은 누가, 왜 벌이는 것일까를 생각해보면 그 책임은 대체로 내게 있었다. 먼저 나를 공격하고 할퀴고 상처주고 근심 걱정에 휩싸이도록 하는 것도 나고 그로 인한 상처를 수습한답시고 또 자신을 들볶는 것도 언제나 나니까.)

산책에 있어서 가장 중요한 행위는 걷는 것이다. 달리는 것을 산책이라 하지 않으며 자전거나 자동차로 움직이는 것 또한 다른 의미와 명칭이 부여된다. '걷는다'라는 것은 두 발로 땅을 디뎌 그것을 몸으로 느끼면서 앞으로 나아가는 것이기 때문에 자동차에 앉은 채 달리는 것과는 다르며 풍경이 음미할 새도 없이 달아나버리는 달리기와도 다른 행위이다.[○]

내가 움직일 때, 세상의 풍경도 발맞춰 이동한다. 앞으로 나아가는 만큼 시야에 주어지는 풍경들은 뒤로 흐르는 것이다. 풍경이 움직이면 마음은 안정된다. 왜인지는 모른다. 다만 사람은 정지상태에서 더 많은 불안을 느낀다는 것. 그래서 불안해진 사람은 가만히 있지를 못하게 된다.

오래전 정신과 폐쇄병동에 입원하게 되었을 때, 가장 먼저 마주쳤던 광경은 긴 복도에 일렬로 늘어선 채 끝없이 원을 그리며 돌고 있는 환자들의 기이한 행렬이었다. 마치 좀비들처럼, 혹은 경보선수들처럼 그들은 트랙을 돌듯 제각기 복도를 걷고 있었다. 처음에는 답답함을 이기려고 그러는가보다 했는데 나중에 알고 보니 그것은 약기운을 참지 못해 하는 행동이었다. 정신과 치료에 필요한 약물들은 사람을 가만히 앉아 있지 못하게 만든다. 나 또한 약을 먹기 시작했으므로 얼마 지나지 않아 그 대열에 합류하게 되었다.

◑　　　　이 대목을 쓸 때, 산책이라는 행위를 내 나름으로 정의 내리고 분석하고 묘사하면서 작가로서의 쾌감을 느꼈다. 사전도 아니면서 세상의 많은 단어와 개념들을 자기 마음대로 해석하고 정의 내릴 수 있는 것 또한 작가의 특권이자 의무가 아닐까.

나의 병명은 경계성 인격장애와 우울증 등 여러 가지가 있었다. **외래 시절부터 나의 주치의였던 담당의사**⁰는 차분하고 조용한 사람이었는데, 그녀는 내게 많은 약을 처방해주었다. 약을 먹으면서, 나는 그 안에 있는 사람들이 어째서 그렇게 하루종일 복도를 빙빙 돌아야 하는지 알 수 있었다. 약은 나의 팔목과 손등의 가장자리를 기분 나쁘게 간질이면서 때론 저릿하게도 만들고, 주먹을 쥘 수 없을 만큼 기운을 앗아갔다. 그러곤 배 속 깊은 곳에서부터 무언가 불안하고 조급한 기운이 끊임없이 치밀어오르게 해 걷지 않으면 안 되는 상태로 만들어버렸다.

◑   세월이 수십 년이 흘렀지만 나는 이분이 지금 어디서 어떤 방식으로 환자를 진료하고 있는지 알고 있다.

나는 음악을 하게 되면서 이제 내 병이 다 나았고 세상에 나갈 준비가 끝났다고 스스로 믿었지만 아니었다. 그래서, 더이상 이분의 환자가 아니게 된 후로도 병원을 찾지 않으면 안 될 것만 같은 순간에 다급히 갈 만한 곳을 찾다가 알게 되었다. 서울 어딘가에서, 여전히 약물이 아닌 긴 상담을 통해 환자를 치료하고 있다는 사실을. 그뒤로 몇 번이나 가보려고 했지만 어쩐지 주저되어 실행에 옮기지는 못했다. 한 사람의 마음이 가장 아프던 시절의 이야기를 고스란히 들어주던 존재와 다시 만나는 것은—우리는 선생님과 제자 사이가 아니었기 때문에 더더욱—내 생각보다 더 큰 용기를 필요로 하는 일이었다.

나는 그곳에 입원해 있으면서 한 번인가 휴가를 받은 적이 있었는데 **답답한 마음에 친구를 만나 극장을 찾았다가**[1] 된통 고생을 한 적이 있다. 90분간 앉아 있는 것이 어찌나 힘들던지 내내 몸을 비비꼬느라 몸살을 앓았던 것이다.

그때 이대로는 안 되겠다 싶어 병원으로 돌아가서는 선생님께 약을 먹지 않게 해달라고 통사정을 했다. 내 병의 원인은 스스로 알고 있다고 믿었기 때문에 약 같은 건 필요 없다고 생각했다.[2] 담당의사는 100% 동조하지는 않았지만 약을 복용하지 않고서도 치료하는 경우가 있었으므로 결국 나의 호소를 받아들였다. 그러나 그 이후로, 그토록 오랜 세월이 흘렀지만 약기운의 잔상은 아직 내 몸 안에서 사라지지 않고 남아 있다. 더불어 그때 얻은 습관으로 뭔가 몰두하거나 불안한 일이 생길 때면 난 한곳에서 끝없이 왔다갔다하는 버릇이 생겼다.

◐   영화는 당시 극장 개봉작이었던 조디 포스터 주연의 〈양들의 침묵〉이었다. 어떤 극장이었는지는 기억나지 않는데, 아마 지금은 멀티플렉스로 바뀌었거나 사라져버렸을 것이다.

◑   나는 엄마와의 갈등으로 어릴 적부터 정신과를 다녔지만 지금껏 약물의 효과를 느껴본 적은 거의 없다. 마음에 병이 들었을 때 약은 소용이 없더라는 얘기를 하고 싶은 것은 아니다. 의사들이 보기에 이건 전혀 의학적인 이야기는 아닐 테지만, 내 생각에 마음이 아프면 그 원인은 두 가지가 있다. 하나는 그 원인이 분명하고도 직접적인 경우고, 또 하나는 단순히 호르몬의 문제일 때다. 후자의 경우엔 약이 충분히 위력을 발휘할 수 있겠지만, 만약 전자라면 얘기는 다르지 않을까. 가령 다시는 볼 수 없게 된 누군가가 보고 싶어 그야말로 마음에 멍이 든 환자가 있다고 치자. 이렇게 누가 보고 싶어 죽겠는 사람에게 실제로 그 사람을 데려다 보여주는 것 외에 대체 어떤 치료가—그것도 약물로—가능하단 말인가 하는 생각이랄까.

산책에는 풍경이 필요하다. 병동 안에서 복도를 걷는 행위를 산책이라 부르지 않는 이유도 풍경이 없기 때문이다. 따라서 제자리걸음 또한 산책이 아니다. 산책에 길이 필요한 것은, 길이란 풍경을 동반하기 마련이고 좋은 길은 좋은 산책을 가능하게 하기 때문이다.

좋은 길이란 어떤 길일까. 공기 좋은 지방 어느 관광지의 산책로도 좋은 길이 될 수 있겠고, 가기만 해도 기분이 좋아질 만큼 사람들의 활기로 가득찬 명동이나 압구정 거리도 좋은 길일 수 있을 것이다.

세상에 길은 많고, 모든 길은 저마다의 특색이 있다. 여행지에서의 산책이 아니라면 대부분의 사람들은 집 근처를 거닐게 된다. 그리고 그날그날 산책의 용도에 따라 코스 또한 다양하게 선택된다. 운동을 겸해 약간 빠르게 걸을 수 있는 길, 생각할 것이 있을 때 찾는 인적이 드물고 조용한 길, 기분전환에 좋은 불빛이 많고 사람들이 자주 오가는 길 등등. 길은 그렇게 여러 가지 모습을 지녔다. 곧은 길, 구불구불한 길, 정돈이 잘된 길. 돌들이 곳곳에 박혀 있어 뒤뚱뒤뚱 걸어야 하는 거친 길. 길가의 나무가 그림처럼 둘러진 조경이 잘된 길, 황량하고 메마른 풍경을 가진 길, 늘 다니는 익숙한 길, 한 번도 가보지 않은 길…. 길은 풍경이고 풍경은 우리에게 생각과 느낌을 준다. 길을 걸으며 흐르는 풍경을 목도하는 것이 바로 산책이다.

저녁 거리의 불빛과 사람들이 뿜어내는 즐거운 기운은 가라앉아 있던 기분을, 특히나 고립감을 잠시나마 잊게 해준다. 다시금 내 방에 들어온 순간 그중 80% 이상이 소멸된다 할지라도 그럴 때의 산책은 분명 의미 있는 시도이다. 카페에 무리 지어 들어가는 사람들이 나와는 상관없는 이들이라 해도 그들이 자아내는 친밀감은 내게도 분명히 전해지며, 호프집에 왁자지껄 모여 있는 젊은이들의 생기는 부러움을 이끌어내 나도 나의 지인들과 한자리 차지하고선 동참하고픈 욕구를 불러일으킨다. 그러나 지금 나는 혼자. 단지 산책을 하던 중이었으므로 모든 것은 잠시 잠깐의 즐거운 상상에 그치고 만다. 그러곤 다시 다른 풍경이 이어진다.

가끔 등장하는 언덕길은 산책 코스의 주요한 액센트가 되어준다. 걷는 것보다 약간의 에너지 소모를 더 하게 되면 그만큼 충만감을 느낄 수 있고 더불어 언덕을 다 오르고 나서 실제로 몸이 한결 가뿐할 때 기분도 함께 좋아진다. 그러곤, 다시 내려간다.

가게를 하던 시절◉엔 하루에 한 번은 꼬박 산책 겸해서 은행을 갔더랬다. 그러면 길가엔 늘 할머니들이 인도에서 좌판을 벌인 채 행상을 하고 계셨다. 그분들은 드문드문 저마다 자리를 잡고서 주로 생선, 채소, 곡식 같은 것을 팔았다. 끼니 때면 흰쌀밥 도시락에 김치와 장아찌 같은 단출한 반찬을 놓고는 마음 맞는 분들끼리 옹기종기 모여 밥을 먹는 모습이 정답기도 하고 측은하기도 하였다. 나는 그분들을 보면 언제나 나의 어머니가 떠오르곤 했었다. 나의 어머니가 행상을 할 정도의 곤궁한 형편은 아니지만 연배도 비슷하거니와, 어머니 역시 힘겨운 나날을 보내고 있기는 매한가지였기 때문일 것이다.
생각해보면 그분들의 남루하고 힘겨운 삶마저 나의 산책로를 장식하는 풍경의 일부였다. 그분들에겐 죄송하지만 내가 마주치던 그분들의 모습은 늘 내게 어떤 상념을 안겨주었던 것이다.

◐   아마 2006년경에 인사동에서 운영했었던 와인 파는 가게 '살롱 드 언니네이발관'을 말하는 것일 테다.

산책이 하루 일과의 전부인 사람들도 있다. 바로 은퇴한 노인들이다. 할일이 없어진 노인들은 이 공원에서 저 공원으로, 다시 저 공원에서 이 공원으로 왔다갔다하며 하루를 보낸다. 그들에게 산책이란 하루를 보낼 수 있는 유일한 소일거리요, 일이고 삶이다. 산책을 하다 장기판이 벌어진 곳에 목을 디민 채 30분쯤 구경을 하고, 그러다 벤치에 앉아 떨어져 있던 신문을 주워 보기도 하고 할일 없이 비둘기를 쫓다 어쩌다 마주친 말벗과 잠시지만 이야길 나누기도 한다. 그들에겐 공원으로 산책을 나가는 것이 생의 마지막 할일인 것이다.

누구나 산책을 한다. 그러나 산책을 하는 이유는 저마다 다르다. 산책이란 누군가에겐 즐거움이요, 또 어떤 이에겐 건강을 위한 몸의 움직임이기도 하고, 또다른 누군가에겐 고민과 생각의 장이 되어주기도 한다. 이렇듯 사람마다 다른 산책의 모습은 그들 각각의 삶의 모습과 닮아 있다. **누군가에겐 잠시 동안의 여가인 일이 누군가에겐 삶의 전부가 되기도 하고, 누군가에겐 느긋하게 동네 정경을 살피는 한가로운 일이 다른 누군가에겐 고통을 잊으려 집을 뛰쳐나온 절박한 행위가 되기도 하는 것.**◑

◑　　　　이 부분을 쓰면서 바로 앞에 단락, 그러니까 '누구
나 산책을 한다'로 시작해서 '닮아 있다'로 끝나는 앞의 다섯
줄 때문에 추가로 이 단락을 써넣는 것이 옳은 선택인지 확신
할 수 없어 많이 고민했다. 이미 앞에서 산책의 이유에 대해
충분히 설명했는데 공연히 한번 더 반복하는 것은 아닌지 걱
정이 됐기 때문이다. 그 탓에 잘 읽던 독자들이 군더더기로 느
껴 페이지를 건너뛰거나 눈살을 찌푸리기라도 하면 어쩌지?
하는 공포에 사로잡혔달까.

하지만 시간을 두고 반복해서 읽어보며 그렇지 않다는 결론
을 얻었고, 이제 와 다시 읽어봐도 꼭 필요한 대목을 제때 넣
었다는 느낌이 드니 다행이다.

글쓰기는 결국 무엇을 넣고 무엇을 뺄 것인가를 결정하는 끝
없는 고민의 과정이다. 내가 이 일을 '결과'가 아니라 '과정'이
라 칭한 까닭은, 글은 영화나 음악과 달리 한번 완성되어 영영
고정되는 것이 아니라 언제고 수정이 가능한 미완의 잠정적
완성물이기 때문이다.

오늘도 산책을 나간다. 오늘 나의 산책은 어떤 풍경들이 장식하고, 나는 그것을 보며 어떤 느낌과 생각들을 갖게 될까. 이제 거리로 나간다. 그리고 나 또한 풍경의 일부가 된다.

산책이라는 일상적인 행위를 글쓰기를 통해 새롭게 들여다본 이 짧은 글을 쓰고 또 읽는 모든 과정이 나에게는 또 하나의 산책이었다. 그 모든 지면 위의 산책을 마치려는 순간 떠오른 마지막 문장은 선물과도 같은 덤이었고.

「산책」은, 과분하게 환영받았던 이 책의 글들 중에서도 유독 많은 사랑을 받은 글이다. 덕분에 쓴 사람이 쓰는 동안 느꼈던 감정을 읽는 사람들도 느끼고 있다는 사실을 확인할 수 있었던 그 모든 순간이 내겐 기쁨이었다.

바 우

이번 주엔 모처럼 누나네 가게엘 들렀다 조카 바우를 봤거든. 역시나 평소처럼 꽥꽥대고 뭔가를 집어던지고 정신이 없었어. 난 아이들이 그러는 거 별로 좋아하지 않아서 내 조카라 해도 옆에서 그러면 힘들어하는 편이야.

그래 내 못 참고 누나 들으라고 한마디했지.

"우리 바우, 역시 가만히 있지를 못하는구나."

그랬더니 누나가 그게 아니래. 내가 와서 저러는 거래. 평소엔 안 그런다며.

"아니, 내가 왔는데 왜 그래?"

난 이해가 안 가서 물었어.

"흥분해서 저러는 거야. 좋아서."
"…."

난 곧 일어서야 했고 그 편에 바우를 스쿼시 하는 데까지 데려다주기로 했어. 차 있는 곳까지 가면서 찻길을 건널 땐 바우 손을 꼭 잡고 조심해서 길을 건넜지. 근데 말이지, 내가 아는 바우라면 내 손을 뿌리치고 지 맘대로 길을 건너려 하거나 소리를 지르거나 그랬을 텐데 뜻밖에 얌전히 내 손을 잡고 따라오는 거야. 그러고 보니 내가 조카 손을 잡고 길을 건너본 것도 처음인 것 같았어. 우린 손을 꼭 잡고 함께 길을 건넜다.

차에 바우를 태우고,

"그러고 보면 바우랑 단둘이 있어본 것도 오랜만이네."

우린 얼마 안 되는 시간이었지만 이런저런 이야기를 했어. 너무 신기했던 건 언제나 소리만 지르고 정신없어 보이던 아이가 둘만 있으니까 조곤조곤 말을 너무 잘하는 거야.

바우를 내려주고 돌아가면서 단지 삼촌하고 있다는 사실 하나만으로 좋아서 얼굴이 상기되어버린 조카의 얼굴이 자꾸만 생각났어.

정말 나처럼 이해심이나 다른 사람에 대한 관용이 부족한 사람도 드물지 않을까? 왜 바우의 이런 모습을 몰랐지?

내 비록 세상 모든 어린아이들의 친구는 못 돼도 사랑하는 조카의 친구는 될 수 있어야 하는데.

우리 바우, 지금쯤 쿨쿨 잘 자고 있니?

바우야, 다음에 만나면 삼촌하고 얘기 더 많이 하자.

그리고 삼촌 그 아저씨한테 안 밀려.

말은 적게 해도 삼촌이 더 웃기잖아.

알았지? 그럼 잘 자라.

이랬던 조카들이 훌쩍 자라 어느새 서른 언저리의 어른이 되었다. 나는 이, 내 형제의 자식이라는 존재들이 상급학교에 진학하느라 졸업과 입학을 반복하고, 성인이 되어 복잡하고 어지러운 세상 속에서 제 자리를 찾기 위해 분투하는 과정을 다 지켜보았다.

나는 흔히들 말하는 조카 바보에 해당하는 삼촌은 아니다. 내가 그 아이들에게 줄 수 있었던 건 삼촌으로서의 살가움보다는 오로지 명절날에 건네는 파랗고 붉은 지폐 다발이 다였으니까. (어쩌면 그것으로 충분했는지도?)

처음엔 단지 내 형제의 자식이라는 이유만으로, 어찌 보면 반강제적으로 맺어진 관계였다. 그러나 시간이 흐르면서 각각의 아이들과 개별적인 추억이 쌓이고 함께 겪은 사건들까지 더해지며, 이제는 조카라서가 아니라 그저 인간으로서의 유대가 형성되어가는 과정을 경험하는 건 내게 결코 작은 일이 아니었다. 사랑한다는 얘기다.

하고 싶은 것

작업이 끝나면 돈을 좀더 가치 있는 곳에 쓰기 위해 아끼고
모아서 하고 싶은 것.

° 의자에 관한 한 너무나도 주관적인 나의 몸을 위해
세상에서 제일 편하다는 스트레스리스stressless 소파 사기.
° 내 방에 놓을 40인치, 혹은 50인치 PDP°.
(스트레스리스 소파에 누운 채 보다가 잠들 수 있도록)
° 갖지 않고는 견딜 수 없을 만큼 탐스러운 백 권의 책과 녀석
들이 꽂힐 책장°.
ex : 프랑수아 트뤼포의 전기, 고종석의 러프한 컬렉션, 한글
을 다룬 『타이포그래피란 무엇인가?』가 있다면 그것. 그 밖에
몇몇 고전들°.

◐   PDP(플라스마 디스플레이 패널)는 한때 LCD와 함께 티브이 시장을 양분하던 주력 디스플레이 기술이었지만, 지금은 사실상 사라졌다. 생애 처음으로 장만한 대형 티브이를 형편이 어려워진 부모님께 드리고 난 후, 언젠가 다시 티브이를 사게 되면 꼭 PDP로 사리라 저렇게 메모까지 해가며 소원했었는데.

한때 로망이었던 대상이 경쟁에 뒤쳐져 지금은 세상에 존재조차 하지 않는 현실을 목도할 때의 심정은….

◑   당시 나는 책을 읽지는 않았지만, 자주 책 쇼핑을 해서 내 집 책장에 꽂아두는 습관이자 취미가 있었다. 이 리스트를 보니 그중에서도 특별할 책 백 권의 명단을 만들어 장만한 뒤, 딱 그 책들만 모셔둘 수 있는 좀더 그럴듯한 책장을 바랐던 것 같다.

◐   지금은 소원대로 모두 장만했다. 여기에 열거된 모든 책들이 지금 내 집 책장 안 어딘가에 다 꽂혀 있다. 혹 갖고 있던 책을 일부 정리한다 해도 결코 내다버릴 수 없을 만큼 귀한 것들.

˚ 알토란 같은 CD 50장.

ex: 펫숍보이스의 《인트러스펙티브》 앨범(지금까지 한 열 장은 샀을)과 **솔로몬 버크**˚의 일련의 앨범들.

˚ **12년째 못 하고 있는 재방문을 위해 런던에 다녀올 수 있는 경비를 마련하는 것**˚.

˚ **내 방에 놓을 오디오**(아직 고르지는 않았고 지금은 데크가 있을 뿐이다)**와 도저히 들어줄 수 없는 새 차의 오디오를 마크 레빈슨 급의 무언가**˚로,

가능하다면 마크 레빈슨으로 바꾸는 것.

˚ **아주 어쿠스틱한 질감의 피아노**˚.

˚ **콘탁스 G1(필름 카메라)**˚.

˚ **더이상 형광등을 켠 채 잠들지 않아도 되게 해줄**
머리맡에 켜놓을 작은 스탠드 하나.

그리고, '돈' 그 자체의 수집.

◑   솔로몬 버크는 60년대를 풍미한 미국의 흑인 소울
뮤지션이다. 책에 열거할 만큼 좋아했던 인물은 아닌데 사람
들이 잘 모를 만한 사람을 고르다가(그래야 있어 보이니까) 썼
던 것 같다.

◑   다녀왔다. 책 나온 지 이듬해에. 결과는 뜻밖에 서
글펐지만.

◑   차는 우여곡절 끝에 마크 레빈슨 오디오가 내장된
것을 구해서 현재 15년째 교체 없이 타고 있다. 대신 집에서는
그냥 컴퓨터에 내장된 저가형 스피커로 음악을 듣는다. 내 앨
범을 만드는 일이 아닌 한 소리에 별로 예민하지 않다.

◑   대박. 나는 바로 지금도 진짜 피아노와 터치감이 흡
사한 건반을 찾고 있었는데. 이토록 오랫동안 바라기만 하고
실현은 하지 않는 데에는 분명 이유가 있다는 생각이다. 그다
지 간절한 바람이 아니기 때문이겠지.

◑   고민 끝에 라이카 Q1을 샀다.

세월이 흐르고 나이를 먹다보니, 하고 싶은 것들의 종류도 조금씩 달라지게 되었다. 이를테면, 나는 이제 더이상 세상에서 가장 편한 소파를 찾아 헤맬 이유가 없어져버렸다. 그런 소파를 이미 구해서도 아니고 이젠 그런 소파가 필요하지 않아서도 아니다. 단지 그런 편한 소파에 앉는 것이 척추 건강에 독이 되는 나이가 되어버렸기 때문이다. (알다시피 너무 편한 소파는 앉는 이의 코어 힘을 약화시킨다.)

물론 저 '하고 싶은 것들' 중에는 이룬 것도 많다. 책이 나온 지 2년 뒤 마흔 살이 되던 해에 14년간 벼르던 런던 재방문을 기어이 하게 되었으니까. 하지만 불행히도 스물여섯이라는 젊은 나를 뒤흔들어놓았던 이국의 많은 것들은, 마흔 살의 나에게는 더이상 새롭지도 엄청나지도 않았다. 이것이 나이가 들어 감각의 촉수가 무뎌진 탓인지, 아니면 음악에서 마음이 멀어짐으로써 이제 더는 나와 큰 상관이 없어진 런던이라는 도시의 문제였는지는 아직도 잘 모르겠다. 다만 나는 그때의 경험이 못내 서글퍼서, 그때 들었던 감정을 한동안 여러 지면에 걸쳐 반복해 써내려가기도 했다.

2026년인 내년에, 나는 쉰여섯의 나이로 첫 방문일로부터 30년 만에 또다시 런던을 찾을 계획을 갖고 있다. 이미 마흔

살에 한차례 실망했던 만큼, 거기서 16년이란 세월이 흘렀으니 딱 그만큼 더 무뎌진 시간들을 보내게 될까 두렵기도 하지만, 이번만큼은 뭔가 다를 거라는 기대도 있다. 젊어 좋았던 기억이 남아 있는 곳을 찾아 흘러버린 세월이 주는 슬픔에 압도되기보다는, 뭐가 됐든 이 나이에만 볼 수 있고 이 나이에만 느낄 수 있는 것들을 경험하게 된다면 그것이야말로 가치 있는 여행이 아니겠는가.

Au Revoir

억만 겹의 사랑을 담아, 너에게.

한동안 쓰는 책마다 '오 르부아르Au Revoir'라는 프랑스 인사를 마지막 꼭지의 제목으로 쓴 적이 있었다. 작가로서 나만의 공공연한 규칙 같은 것이었는데 특유의 불어 발음이 주는 느낌도 좋았거니와, 알다시피 '안녕'이라는 뜻의 이 프랑스 인사에는 '또 보자'는 재회의 의미가 담겨 있어 이만한 끝인사가 없다고 생각했다. 그런데 이상하지. 그렇게 긍정적이고 희망 섞인 인사라기엔 '오 르부아르'라는 말을 쓰고 또 입에 담을 때마다 나는 때때로 뭔가 모를 애틋하고도 서글픈 기분에 사로잡히곤 했다. 나중에서야 그 이유를 알았는데 나는 이 다시 보자는 인사를 대부분 다시 보기는 어려운 상대에게 쓸 때가 많았던 것이다. 다시 만날 때까지 잘 있으라는 남의 나라 인사를, 그래서 완전한 작별 인사로는 어울리지 않는 표현을 굳이 다시 볼 일이 없게 된 이들에게 건넸던 이유는 무엇일까.

어른이 되어 내가 마주한 세상은 모순으로 가득차 있었다. 어려서 영원하다고만 배웠던 사랑에 실은 끝이 있다는 사실을 알았을 때 나는 분노했지만, 바로 그 '끝'이 있기에 사랑도 존재할 수 있다는 역설을 깨달았을 땐 차라리 허탈했다.
그렇지 않은가? 가을이면 온 산을 물들이는 단풍철이 찰나를 포착해야 할 만큼 짧은 기간이 아니라 한 6개월쯤 지속되는 장기 이벤트였다면, 그걸 보는 일이 지금처럼 특별할 수 있었을까? 과연 우리는 영원히 헤어질 일이 없는 존재에 대해 억만 겹씩이나 될 만큼 간절한 마음을 품는 일이 가능할까? 그럴 이유가 있을까?

나는 내가 쓰는 글이, 특히 이 책 『보통의 존재』가 온갖 이별과 상실로 점철되어있는 세상에 대한, 한 인간의 기나긴 탄식이자 몸부림이라고 생각한다. 그렇기에 다시 볼 수 없는 이의 안녕을 빌고 재회를 기약하는 이 모순 가득한 나만의 인사법이야말로, 모순과 얄궂음으로 가득찬 세상에 내가 건넬 수 있는 최고의 인사였는지도 모른다. 모순에는 모순으로 대항하자는 심산이라고나 할까.

어 느 보 통 의 존 재

누구나 자신에 대한 기대라는 것이 있고 그것이 실제로 오르기 어려운 산이라는 것을 깨닫기까지는 어느 정도의 세월이 필요하다. 그 깨달음을 스물다섯에 얻는다면 그건 바보같은 일일 것이고, 서른이라 한들 속단이긴 마찬가지다. 그러나 마흔 언저리쯤 되면 반드시 포기하고 받아들여야 할 때가 온다. 그때가 되면 마지막 몸부림도 쳐보고 온몸으로 거부도 해보지만 결국 받아들이지 않으면 안 되는 것은 나 자신에 대한 거부할 수 없는 확인이다.

자신을 안다는 것. 그 잔인한 일 말이다.●

◗　　　　지금의 나는 과거 내 스스로 적었던 이 부분에 대해
반만 동의한다. 그 이유는 글의 말미에 따로 적었다.

어릴 적 나는 꾸미고 감추는 데 헌신적이었다. 외출을 할 때면 발걸음이 아무리 불편해도 신발 안쪽에 겹겹이 밑창을 쌓아올려 키높이운동화를 만들었고, 만나는 사람에 따라 거주지는 시시때때로 바뀌었으며, 어디를 가도 누구를 만나도 모르는 것을 아는 척, 가지지 않은 것을 가진 척하느라 거짓말도 서슴지 않았다. 시간이 흘러 그렇게 나를 부정하고, 가리고, 아닌 척하기 위해 들였던 많은 공들이 소용없다는 것을 깨달았던 건 철이 들어서가 아니었다. 결국 있는 대로 드러내는 것이 가장 훌륭한 감추기이자 꾸밈이라는 진리를 터득했기 때문이었다. 그러자 비로소 그 모든 콤플렉스들로부터 해방될 수 있었다.●

나는 이제 안다. 내 키는 크지 않다는 걸.● 난 결코 잘생기지 않았다는 걸. 난 잘나지도 똑똑하지도 않은 사람이라는 걸. 어쩌면 진작부터 알았을지 모른다. 다만 진짜 내 모습을 보고 싶지 않았을 뿐.

우리집 욕실에는 등이 두 개 있다. 하나는 하얗고 밝은 빛을 내는 형광등으로 세면대 위의 거울 위쪽에 달려 있고 또하나는 욕조 위에 있는 은은한 노란빛 백열등이다. 그 두가지 불빛 속의 내 모습이 너무나 달랐기에 나는 욕실에 들

◐　　　짐짓 깨닫고 초월한 척 쓰고는 있지만 죄 아무것도 감추지 않으려는 태도도 숨실 여지가 없더라. 사람이 꼭 자신의 모든 것을 겉으로 드러낼 필요는 없기 때문에 경우에 따라서는 적절히 자신을 가릴 줄 아는 지혜도 필요하달까.

젊어서는 미처 예상치 못한 일이지만 사실 나이를 먹으니 새롭게 가리고 싶은 것들이 꽤 생겨나서, 어려서부터 다져온 솜씨 좋고 자연스럽게 감추는 스킬의 덕을 보고 있다.

◑　　　살면서 온갖 콤플렉스란 콤플렉스는 다 갖고 살다시피 한 내가 키에서만큼은 한 번도 아쉬운 마음을 가져본 적 없는 건 왜일까. 전혀 크다고 할 수 없는 키임에도 불구하고.

어쩌면 중학교 3학년 때 이미 지금의 키를 가졌기 때문에 키가 작다는 생각을 잘 하지 못했던 것도 같은데, 어쨌거나 안 그래도 복잡한 내면을 가지고 살면서 하나라도 신경을 덜 쓸 일이 있었다는 게 나로서는 축복처럼 느껴진다.

참고로 내 키는 정확히 173.2587센티미터다.

어갈 때 결코 형광등을 켜는 법이 없었다. 선택은 언제나 백열등.

어느 날 습관처럼 켜왔던 백열등이 고장나 할 수 없이 형광등을 켠 적이 있었다. 그때 거울에 비친 처음 보는 내 모습. 노란 불빛이 늘 감춰주던 얼굴의 잡티와 얼룩덜룩한 피부색, 늘어난 주름이 그대로 드러나버린 내 얼굴에 나는 놀랐다. 대칭이 맞지 않는 눈과 양쪽 윤곽이 확연히 다른 턱선, 코의 뭉툭한 형태와 어딘지 어색하고 자연스럽지 못한 입 모양까지. 거울 속의 내 모습은 찬찬히 들여다보기 꺼려질 정도로 보기 흉했다. 나는 곧 거울로부터 얼굴을 돌려 외면을 하고 말았다. 그러곤 생각했다. '저게 진짜 내 모습은 아닐 거야.' 며칠이 지나 고장난 백열등의 전구를 새것으로 갈아끼운 후 다시 한결 나아진 모습의 나를 보며 생각한다.

'어떤 게 진짜 나일까. 나는 어떤 모습을 거울삼아 살아야 할까.'

누군가에게 '당신은 소중한 존재'라고 말해주는 것은 조심스러운 일이다. 사람의 인생이 공평한 지위와 가치를 지니고 있다고 보기는 힘들뿐더러 귀하고 대접받는 삶을 사는 사람이 있는 반면 날 때부터 하찮거나 혹은 별 볼 일 없는 존재로서의 삶을 살아가야 하는 사람도 많기 때문이다. 세상의 모든 책들이 희망을 노래하고 거의 강요에 가까운 긍정을 이야기한다. 하지만 불행히도, 사람이란 저마다 타고난 인격과 재능에 격차가 있고, 그것을 가지고 각자 귀천이 분명한 직업을 선택하게 되며, 그에 따라 개개인의 사람이 품을 수 있는 꿈의 한계 또한 정해져 있다. 세상의 감춰진 진실이 이러할진대 그러나 사람들은 그러한 현실을 있는 그대로 목도하길 원하지 않는다.

나는 희망을 함부로 말하는 사람들이 무섭다. 희망 이후의 세계가 두렵기 때문이다. 절망을 경험해본 사람이라면 혹여 운 좋게 거기서 벗어났다 한들 함부로 희망을 이야기하기엔 조심스러운 사람이 될 것 같은데, 세상엔 그에 아랑곳하지 않는 용기 있는 사람들이 더 많은가보다.◑

미련이 많은 사람은 인생이 고달프다고 한다. 사람은 때로 받아들일 수 있는 건 받아들이고 체념하는 자세를 배울 필요가 있어서 '나에게 허락된 것이 이만큼이구나' 인정하고 그 안에서 살아가야 제명에 살 수 있다는 것이다. 그래. 산다는 건 그저 약간의 안도감을 가지고 시내 대형서점에 들러 책 한 권을 고르는 일에서도 충분히 행복을 느낄 수 있는 것이다. 오늘 나를 행복하게 하는 것들이 가족 중에 암에 걸린 사람이 없는 것, 빚쟁이들의 빚 독촉 받을 일이 없는 것, 먹고 싶은 라면을 지금 내 손으로 끓여먹을 수 있다는 하찮은 것들뿐이라 해도 누가 뭐라고 할 수 있는 것은 아니다.◑ 그리고 그러한 행복의 크기가 결코 작은 것 또한 아니다. 하지만, 그것이 만약 체념에서 비롯된 행복이라면, 더 많은 것을 갖고 싶고, 하고 싶은데 그 모든 욕망들을 어쩔 수 없이 꾹꾹 누르고, 인생에서 누릴 수 있는 많은 영화에 일찌감치 백기를 든 대가로 주어지는 것이라면 그건 자신에 대한 기만이 아닐까.

◐　　　　내 보기에 희망을 남발하는 사람들이나, 나처럼 그
걸 아끼고 아껴서 아주 조금만 발휘하는 사람들이나 마음속
깊은 곳을 들여다보면 모두 같은 것이 웅크리고 있기 때문인
지도 모른다. 두려움 말이다.

◑　　　　독촉은 받고 있지 않지만 어쨌거나 얼마간의 빚이
있고, 건강 때문에 라면은 먹어서는 안 되는 음식이 되었으므
로 난 현재 이 세 가지 중에서는 딱 한 가지밖에 충족되지 못
한 삶을 살고 있다. 과거엔 '너무 사소하고 당연해서 하찮아 보
이기까지 했던 행복의 조건'들이 이제 더는 하찮을 수가 없게
되어버리고 만 것이다.
아니, 하찮지 않은 정도가 아니라 가령 하루 24시간 동안 건강
걱정 없이 먹고 싶은 걸 마음껏 먹을 수 있는 티켓 같은 게 만
들어져 판매된다면, 아마 그 하루를 위해 기꺼이 거액을 지불
할 사람들이 세상엔 넘쳐날 거라 확신한다. 나부터도 그걸 사
러 누구보다 일찍 달려갈 테니까.

앨범 《가장 보통의 존재》의 주인공은 어느 날 자신이 보통의 존재임을 깨닫곤 몸서리친다. 그것은 섬뜩하리만치 무서운 자각이었으나 문제는 그다음부터였다. 자, 자신이 보통의 재능과 운명을 타고난 그야말로 보통의 존재라는 것도 알았고, 세상이 공정하지 않다는 것도 잘 알고 있으며 세월이 갈수록 나를 가려주던 백열등이 수명을 다해가고 있음도 직시하게 된 지금. 그렇다면 '나'는 앞으로 나의 남은 날들을 어떻게 살아가게 될 것인가.

'나'는 현실에 투항하게 될까?

누구든 위험한 희망을 선택하지 않아도 될 권리와 자유가 있다. 따라서 그는 얼마든지 안락과 정착을 꿈꿀 수도 있을 것이다. 그러나 너무 일찍 자신에게 주어진 불리한 여건에 수긍하거나, 운명을 거역하기 위한 노력을 쉽사리 포기한다면… 하여 보통의 존재는 역시나 보통의 선택을 할 수밖에 없다는 사실을 입증하게 된다면… 이야기의 결말이 조금은 허무하지 않을까. 주인공의 미래가 몹시도 궁금해진다.◐

◑　　　　　내 음악을 좋아하는 사람들이 이 책의 이 부분 때문에 책 『보통의 존재』와 앨범 《가장 보통의 존재》를 일종의 시리즈처럼 연결된 무엇으로 이해하는 경우를 많이 보았다. 하지만 정작 작품을 만든 나는 그 두 개가 연관성을 가졌다고 느낀 적이 없다. 뭐 같은 사람이 비슷한 시기에 비슷한 일을 겪으며 만들어낸 것들이니 어쩌면 자연스러운 반응일 수도 있겠다 싶기도 하지만, 그렇다기에 이 책에 담긴 글들은 너무 사적이지 않은가. 앨범도 사적이긴 마찬가지였다고 한다면 할말은 없지만.

앞서 반만 동의한다고 밝힌 이유에 대해 말하겠다.

나는 나이 차이가 많은 형제들을 둔 탓에 늘 내 나이보다 앞서 살았다. 나이보다 앞서 살았다는 게 무슨 말인가 하면, 대학에서 학생운동을 하던 누나들 덕분에 이미 초등학교 저학년 때 남들보다 너무 빨리 세상의 어두운 면을 알아버렸고, 열 살 위인 누나들이 육십대 중반에 부모님을 잃을 뻔한 위기를 겪었을 때에도, 난 똑같은 일을 그들보다 10년 먼저 겪어야 했던 것들이 그렇다. 그래서 또래의 친구들보다 유달리 빠르게 생의 부조리와 부질없음, 대책 없이 과거로 회귀하고픈 욕망 등에 일찍 사로잡히게 되었다.

그렇게 살다가, 어느 날 정신을 차려보니 내가 내 나이보다 정확히 10년—딱 누나들과의 나이 차이만큼—더 빠른 세월을 살고 있다는 사실을 깨달은 건 최근의 일이다. 이제 겨우 서른 중반을 넘긴 어떤 친구가 자긴 이제 청춘이 끝났다는 둥 뭘 새로 시작하기엔 너무 늙어버렸다는 둥 하며 나이와 관련한 우리나라 사람들 특유의 호들갑 떠는 모습을 접하고 난 후였다.

그러고 보면 나이가 몇 살이건 간에 내 주위 거의 전 세대가 하나같이 그놈의 나이를 두고 이젠 너무 늦어버렸다는 식의 똑같은 타령들을 하는 경우가 많은 걸 보니, 어쩌면 사람들이 자기 나이를 실제보다 부풀려서 인식하는 건 일종의 본성이자 습관 같은 게 아닐까 하는 생각마저 하게 되었다.

그리고 그게 정말로 어떤 습관의 일종이라면, 진작에 떨쳐버려야 할 안 좋은 습관이 아닌가 한다. 그렇지 않으면 나처럼 55살이면서도 65살, 70살의 하루하루를 살게 될 수도 있을 테니 말이다.

작가의 말

작가의 말 1.

책 『보통의 존재』 혹은
어떤 거짓말에 대하여

나는 평생 나를 먹고살게끔 해준 두 가지 일을 모두 거짓말을 통해서 얻었다. 내가 있지도 않은 밴드의 리더라고 '구라'를 치고 다니다가 정말로 밴드를 하게 되었던 이야기는 익히 알려져 있다. 하지만 책을 내게 된 것도 비슷한 과정을 거쳐 가능해진 일이라는 것을 사람들이 아는지는 모르겠다.

30년 전부터 남의 돈을 받고 이런저런 글을 써왔지만 내 이름으로 된 책을 갖고 싶다는 욕망 같은 건 가져본 적 없었다. 어쩌면 프리랜서 기고가로서 글쓰는 생활을 오래해왔기에 내 책에 대한 갈증이 덜했던 건지도 모른다. 그러다가 2008년께였나. 가수 이적씨가 첫 책을 냈다면서 초록색 양장본으로 된 책 한 권을 내게 건네줬을 때, 무슨 이유에선지 '어, 책을 낸다는 건 생각보다 멋있는 일이구나' 하는 생각을 처음으로 했던 것 같다. 그리고 그때부터 난 거짓말을 하고 다녔다. 출판사들로부터 출간제의가 쇄도하고 있다고.

나는 거짓말을 하면 그게 실제 현실이 되는 징크스를 갖고 있다. 비단 밴드를 하게 된 계기뿐만 아니라 약속 시간에 늦어서 중간에 사고가 났다고 거짓말로 둘러대면 정말로 사고가 나는 식의 일들이 살면서 비일비재했다. 그렇다면 뭐든 바라는 게 있으면, 거짓말만 하면 다 이루어지는 것이냐, 반문할 수도 있을 테지만 물론 그렇지는 않다. 그랬다면 지금처럼 작은 아파트에서 평범한 삶을 누리며 살고 있지는 않았겠지.
나의 그 징크스에는 나름의 룰이 하나 있는데, 결코 뭔가를 원해서 그걸 의식하고 거짓말을 하면 안 된다는 것이다. 오직 무의식적으로, 나도 모르게 튀어나왔을 때라야 현실이 된달까.

그런 의미에서, 오지도 않은 출간제의가 쇄도하고 있다고 주위에 허풍을 치고 다니다가 정말로 제안을 받게 된 일은 내 거짓말 징크스의 역사상 거의 유일하게 예외적인 사건이었다. 분명 의식을 하고선 그런 일이 벌어졌으면 좋겠다는 마음으로 사실이 아닌 말을 하고 다녔는데도 희한하게 정말로 한 곳 두 곳 책을 내자며 나를 찾기 시작하는 것이었다. 뭐 그때 나온 앨범 덕을 본 건지는 모르겠지만. 하여간에 그렇게 세 곳 이상의 회사에서 제안이 왔고 그중 작지만 당시 핫했던 달이라는 출판사가 있었던 것이었으니….

그래서 어떡하자는 거냐고? 당신도 그랬으니 우리도 뭐, 되고 싶고 갖고 싶은 게 있으면 냅다 거짓말부터 질러서 이 세상을 온통 거짓말 천국으로 만들자는 거냐고? 그렇지는 않다. 다만 한 가지. 그렇게 해서 첫 책을 내게 됐는데 참 희한하게도 책을 읽은 사람들이 하나같이 '작가가 너무 솔직하다'고 입을 모아 말을 하니, 나는 도대체 이게 무슨 조화인지 알 수가 없는 거라. 나는 작가랍시고 언감생심 독자들에게 정직을 강조하지도 않았고 스스로 거짓말은 절대 하지 않는다고 장담을 한 것도 아니었는데, 나는 그저 내 부끄럽고도 뻔뻔한 거짓말의 역사를 있는 그대로 털어놓은 것뿐이었는데 갑자기 솔직함의 대명사처럼 되어버린 사실이 그저 얼떨떨하기만 했달까. 그리고 그 부끄러운 거짓말의 역사는 무려 책을 내고 나서도 계속됐다.

출간 직후의 일이다. 한 패션잡지와 사진촬영을 곁들여 인터뷰를 했는데, 인터뷰가 끝난 후 그 잡지의 높으신 분이 내게 오더니 책을 잘 읽었다며 은밀히 이런 질문을 하는 것이었다.

"그런데 진짜로 친구가 몇 명 있어요?"

나는 그때 당황했다. 이름만 대면 누구나 알 만한 유명 패션지의 편집간부로서 나름 화려하다면 화려한 삶을 살 것 같은 사람이 '나는 정말로 친구가 하나도 없는데 대체 당신은 친구가 몇이나 있길래 친구가 없다고 남들 다 보는 책에 그리 단정적으로 쓸 수가 있는 것인지 궁금하다'고 물으니 당황할 수밖에. 그런데 더욱 뜻밖이었던 건 그런 질문을 대하는 나의 태도였다. 그 질문을 받는 순간, 난 도대체 무슨 생각에서 그랬는지 책에 이미 친구가 없다고 다 써놓고는 막상 눈앞에서 그런 질문을 받자 순간 고민하다 그만 친구의 숫자를 불러 말해버린 것이다.

"일곱이요."

아아, 도대체 난 이럴 때의 나를 정말이지 이해할 수가 없다. 친구가 없다는 사실을 책에다 써서 이미 세상에 공표를 했으면서. 나 친구 없다고, 친구 많은 것을 인격과 덕성의 상징쯤으로 이해하는 이 한국사회에서 결코 쉽게 하기는 어려운 고백을, 하여튼간 글을 통해서는 벌써 했으면서. 대체 왜 현실에서는 여전히 남의 시선을 견디지 못하고 또다시 나를 꾸미고 감추려는 버릇을 고치지 못했던가.

그렇게 나도 내가 왜 그랬는지 모를 답을 하고 나자, 그럼 그렇지 하며 알겠다는 듯 조소어린 미소를 띠며 돌아서던 그분의 모습을 난 아직도 잊을 수 없다. '역시 엄살이었어. 나는 정말 단 한 명의 친구도 없는데, 역시 그 정도를 가지고도 친구가 없다고 말할 수 있어야 한국 사람이지' 하는 듯.

순간 고생해서 쓴 책에 담긴 내 글의 모든 진심이 가식이 되어버린 듯한 부끄러움에 집으로 돌아오는 내내 얼마나 자책했던지. 그리고 그때 알았다. 글은 결코 현실이 아니며 내가 쓴 글도 반드시 나는 아니라는 걸. 내가 내 글을 쓸 때 가능한 완벽을 기하려 끊임없이 고쳐 쓰고 수정하듯이 나의 사람됨 또한 그 10분의 일이라도 노력하지 않으면, 나는 영영 글은 글이고 나는 나일 뿐인, 그저 지면 위의 기술자가 되고 말리라는 걸.

그리고 15년의 세월이 흐르는 동안 나는 여전히 글을 써서 책으로 내고 독자들을 만나고 다시 글을 쓰는 생활을 반복하고 있다. 그야말로 반평생 해온 이 일은 내게 어떤 의미이며 나를 어떻게 변화시켰을까. 나는 여전히 글은 글일 뿐이고 나는 나일 뿐인 사람으로 살아가고 있을까? 그 사실을 알아보기 위해, 한편으론 『보통의 존재』 출간 15년을 자축하기 위해 스스로 짧은 인터뷰를 감행해본다.

나는 솔직한 사람인가? 아니.

그렇다면 솔직하고자 하는 사람이긴 한가? 약간 머뭇거리다 예스.

그렇다. 세상은 결코 진보하지 않지만 그럼에도 인간은 진보하기 위한 노력을 멈추지 않는 것처럼, 나는 결코 죽을 때까지 그 어떤 거짓말도 하지 않는 사람으로 살기는 끝내 어렵겠지만, 다만 그런 노력을 멈추지 않았던 사람으로 남고 싶다. 그 누구보다 우선 나 자신에게, 단 한 번이라도 좋으니 제발 한 올의 부끄러움도 없이 솔직해보자고. 부끄럽게도 내가 쓴 첫 책이 무려 15년이나 서점에서 사라지지 않고 살아남은 현실을 축하하는 자리에서, 나는 문득 스스로 이런 다짐을 해봤다.

작가의 말 2.

함께한다는 것

.

나는 지금까지 음악이든 글이든 내가 만드는 작품의 방향이
나 컨셉을 내가 정하지 않은 적이 없다. 작품 자체는 동료들과
같이 고생해서 만들더라도, 소위 말하는 기획—이번 책은 이
런 식으로, 이번 앨범은 이런 스타일로—의 영역만은 늘 내 몫
이었다. 자랑이라 하는 말이 아니라 그 반대다. 창작자는 작품
을 만들기 시작하는 순간 그 안에 매몰되어버리기 때문에 객
관적인 시선으로 자기 작품을 바라보기가 어렵다. 그래서 나
는 오랫동안 '제발 나는 선수로만 뛰고 누가 나를 감독해주
길' 바랐는데 이렇게 책으로 먼저 소원풀이를 하게 될 줄은 몰
랐다.

한 명의 창작자로서, 주로 내가 많은 걸 주도해서 하는 일의
성적이 점점 내리막길을 걸은 지도 한참 되었을 때, 그래서 나
는 볼 수 없고 상상할 수 없는 것을 누군가 제시해주었으면

하는 바람이 정말로 절실했을 때, 이 책—『보통의 존재』출간 15년 기념 코멘터리 북—의 편집자를 만났다. 그분은, 오래전부터 손발을 맞추던 편집자가 퇴사해서 불안에 떨고 있던 내게 이런 제안을 해왔다. 영화감독과 배우들이 작품에 대해 두런두런 이야기를 하듯 『보통의 존재』를 놓고선 그걸 쓴 작가가 자기 글에 대해 코멘트를 달아보면 어떻겠냐고. 그러고는 문상훈이란 인물과 편지를 주고받아보는 건 또 어떻겠냐고 말이다.

그때부터 벌어진 일들은 모두 나로선 태어나서 처음 경험해보는 과정의 연속이었다. 책의 모든 방향의 키를 그가 잡고 나는 그저 글만 쓰면 됐다. 아니, 글도 그가 쓰라는 대로 썼다. 그랬더니 이런 재밌는 책이 나왔다. 나는 정말이지 오랜만에 쓰는 즐거움을 느꼈다. 그리고 그 즐거움은 분명 나는 선수로서 글만 쓰면서, 전체를 조율하는 감독의 지시대로만 움직이면 되는 홀가분함과 자유로움을 만끽한 덕분일 테다.

그렇게 한 편집자의 기발하고도 참신한 아이디어이자 기획이 한 권의 책으로 구현되어 세상 빛을 보게 되었다. 이제 9개월간 온갖 일들을 겪으며 마무리한 원고가 인쇄소를 거쳐 서점에 깔리게 되면 사람들은 저자인 나의 이름으로 이 책을 기억하겠지만, 부디 여기까지 읽으신 분들만이라도 이 사실을 꼭

257

기억해주셨으면 좋겠다. 이 특별한 책을 처음 구상해서 완성에 이르기까지의 그 모든 과정을 책임진 한 편집자가 있었다고. 그 사람의 이름은 바로 달 출판사 변규미 편집자라고.

본래 세상 일이 다 그렇듯이, 창작자도 혼자서는 아무것도 할 수 없기에 많은 사람들과 협업을 해야 하는데, 나는 꽤 자주 그들을 나와 같은 프로이자 전문가로서 일을 믿고 맡길 수 있는 존재로 인식하기보다는, 행여 내 일을 망치거나 괜한 손해를 끼치진 않을까 노심초사하게 만드는 사람들로 여겨왔다. 내 손을 거치지 않으면 어떤 일이든 불안에 떨어야 했다. 그렇다면 과연 이것은 타인에 대한 내 믿음이 부족한 결과일까 아니면 '그들'이 내게 믿음을 주지 못한 탓이었을까. 다시 말해 타인에 대한 신뢰란 그가 내게 신뢰할 만한 뭔가를 보여주었을 때라야 발생 가능한 것인가, 아니면 아무런 근거 없이도 내 편에서 먼저 무조건적이고도 무한한 믿음을 상대에게 보내줄 수도 있는 문제인가.

답은 나도 모르겠지만, 이번 책의 작업을 마무리하는 과정에서 이런 일이 있었다. 그전까진 편집자가 하자는 대로만 믿고 따르면서 절대복종을 해왔었다. 그러다가 작업 말미가 되어 글의 순서나 전체 원고 분량 등을 정할 때 처음으로 둘의 의견이 충돌했다. 문제 자체가 중요하기도 했거니와 시기적으로도 출간이 임박해 피차 서로 힘들고 예민할 때였다. 나는, 다른 건 몰라도 글의 순서와 분량만큼은 양보하기가 어려워 처음으로 둘의 의견이 팽팽하게 대립하고 있을 때, 편집자 변규미 선생이 내게 말했다. 결국 이건 믿음의 문제라고.

앗, 그런 말을 하다니. 그가 믿음이라는 두 글자를 내세워서 나는 마음이 아득해졌다. 나는 이번에 처음 호흡을 맞춘 당신을 내 쪽에서 무작정 믿고자 해서 여기까지 온 게 아닌데. 당신이 당신의 능력으로 나를 설득해서 믿게끔 만들었기 때문에 당신을 따랐던 건데. 내게 믿음이란 그런 것인데. 그런 내게, 이제 더는 나를 믿지 않는 것이냐 물으면 나는 뭐라 대답을 해야 할지.

이번 책을 만들면서, 처음으로 편집자와 의견 차이를 빚었던 문제의 결론이 어떻게 났는지를 굳이 세세히 밝힐 필요는 없을 것 같다. 다만 나는, 애초 내게 믿음을 준 그가 어떤 사안에 있어서는 서로 생각을 달리할 때 과연 나 자신의 판단과 함께 일하는 사람의 판단 중 누구의 것을 따를까 하는 문제에 있어서 거의 처음 경험해보는 선택을 했다. 그것은 나에 대한 불신에 기인한 것만도 아니고 상대방에 대한 무조건적인 믿음에 따른 것도 아닌, 그 중간 어디쯤에 기반을 둔 선택이었다.

내가 음악을 처음 시작했던 90년대 초중반 당시만 해도 우리나라 녹음 엔지니어들의 실력이나 환경이 지금 같지는 않았기 때문에, 많은 뮤지션들이 그들(엔지니어)을 믿고 신뢰하기보다는 자신이 원하는 소리를 구현해주지 못할까봐 불안해하고 의심하는 모습을 더 많이 보였다. 때문에 그런 모습을 보면서 음악을 시작한 나도 어떤 엔지니어를 만나든 어떤 연주자를 만나든, 작품을 함께 만들어가는 동반자라기보다는 행여 내 기대와 의도를 충족시키지 못하면 어쩌나 걱정하게 만드는 존재들로 그들을 인식했다. 이 긴 타인과의 협업의 역사를 시작하면서 가장 먼저 의심부터 배운 것이다.

그럼 다시 이 책이 처음 시작되었던 1년 전 그때로 돌아가 같은 질문을 던져본다. 믿음이란, 나와 뭔가를 함께하는 타인에 대한 믿음이란, 그가 나를 믿게끔 해야만 발생 가능한 감정인가 아니면 내 편에서 먼저 특별한 근거 없이도 가질 수 있는 마음인가. 답이 무엇인지는 여전히 잘 모르겠다. 아마 상대가 나를 설득해서 믿게 하는 것도, 내가 먼저 근거 없이도 신뢰를 보내주는 것 모두 믿음의 모습이겠지. 다만 분명한 건, 이번 책을 누군가와 함께 만들어가면서 나는 혼자서는 결코 도달할 수 없었던 세계와 과정을 경험했다는 것이다. 그리고 그 경험은 이제부터 또 수없이 많은 사람들과 함께 호흡을 맞추며 살아가야 하는 내 마음가짐을 조금은 바꿔놓을 것 같다.

그리하여 이 한 권의 책이 만들어지기까지 나와 함께 고생하고 기여한 여러 분들에게 감사를 전하며 이제 글을 마치려 한다. 먼저 이 책이 지금과 같은 모습을 띨 수 있도록 해주시고 수없는 위기의 순간마다 책이 길을 잃지 않도록 중심을 잘 잡아주신 편집자 변규미 선생님께 감사드린다. 너무 고생 많으셨고 덕분에 재미있고 좋은 책을 손에 넣을 수 있었다고, 잊지 않겠다고. 또한 처음 손발을 맞추느라 죄송하고 민망한 순간이 벌어져서 마음이 많이 쓰였는데, 이렇게 멋진 본문 디자인으로 화답해주신 조아름 디자이너님께 다시 한번 죄송했다는 말씀과 감사하다는 말씀을 함께 드린다. 또한 이번에도 역시 마음에 쏙 드는 멋진 표지를 만들어주신 최정윤 과장님을 보면서 다시 한번 믿음이란 누가 먼저 주는 것인가에 대해 생각했을 만큼 좋았다고, 그래서 감사하다는 말씀드리고 싶고, 계속해서 저희들을 든든히 지원해주셨던 김현정 주간님과 이병률 대표님께도 감사를 전한다.

마지막으로 언제 어느 순간에나 함께했던 장지희님과 가족들, 특히 어머니 아버지, 진짜 마지막으로 15년간 이 책을 믿고 의지하고 지지해주신 독자들께 한없는 감사의 말씀을 드린다.

모쪼록 우리 모두에게 평화가 있기를.

2025년 가을

이석원 씀

보통의 존재: 코멘터리 북

이석원과 문상훈이 주고받은 여덟 편의 편지

초판 인쇄 2025년 9월 18일
초판 발행 2025년 10월 15일

글   이석원
사진   이석원 남지웅

책임편집   변규미
편집   김현정 오예림
디자인   표지 최정윤 | 본문 조아름
마케팅   김도윤 양지연
브랜딩   함유지 박민재 이송이 박다솔 조다현 김하연 이준희
제작   강신은 김동욱 이순호

펴낸이   이병률
펴낸곳   달 출판사
출판등록   2009년 5월 26일 제406-2009-000034호
주소   10881 경기도 파주시 회동길 455-3
이메일   dal@munhak.com
SNS   dalpublishers
전화번호   031-8071-8683(편집) 031-8071-8681(마케팅)
팩스   031-8071-8672
ISBN   979-11-5816-200-9 (03810)